子どもとの
対話に強くなる
がちゃがちゃ
クラスを
ガラーッと変える

篠崎純子・溝部清彦 著

高文研

✳︎──もくじ

Ⅰ章　最初の1カ月が決めて！

〈1〉子どもたちとの出会い　6

〈2〉はじめての班づくり　8

〈3〉班をかえたい──子どもたちの要求にドッキリ　11

〈4〉給食を楽しくスムーズに　14

〈5〉掃除は格闘技？　17

〈6〉楽しい係でクラスを演出　20

〈7〉教室のインテリア　25

〈8〉あしたも来てね！　幸せ気分で帰りの会　30

　おまけのコラム　出会いを演出する　35

　おまけのコラム　休み時間のブームをつくる　36

Ⅱ章　トラブル怪獣の正体は？

〈1〉出会いは、トラブルのはじまり　38

〈2〉暴力をふるう7人組　43

〈3〉ひとりぼっちで孤独な子　48

　〈4〉荒れる女子グループ　53

　〈5〉教室から飛び出す子　64

　　おまけのコラム　勉強を捨てている子の見えない叫び　68

Ⅲ章　お母さんのハートをつかめ

　〈1〉はじめての懇談会　70

　〈2〉親版「おしゃべりノート」　74

　　おまけのコラム　親子イベント「牛の乳しぼり」　79

　〈3〉こんなふうに書きたい連絡帳　80

　〈4〉手ぶらでは行かない家庭訪問　84

　〈5〉親からのこわい電話　88

　　おまけのコラム　本日電話感謝デー　92

Ⅳ章　遊び・イベント大集合

　〈1〉気の合う仲間と気ままにクラブ　94

　　おまけのコラム　遊びは子どものご飯です　99

〈2〉毎月一つ、クラスで行事　100

〈3〉きょうだい学級で交流給食、クリスマス会　107

〈4〉サプライズファイナル、1000人のお月見会　114

私を変えた子どもとの出会い

ドラマから言葉をさがす　————溝部　清彦　122

子どもたちへの詫び状　————篠崎　純子　124

※——あとがき　126

装丁＝商業デザインセンター　松田　礼一
　　　　本文イラスト　　ｎＥ　たろう

I章　最初の1カ月が決めて！

Ⅰ章　最初の１カ月が決めて！

〈1〉子どもたちとの出会い

出会い、それは１年間のはじまりです。祈るような気持ちでこの日を迎えるのは、大人も子どもも同じです。第一印象を良くして、子どもたちにおうちに帰ってから、「こんどの先生、いい先生や」と伝えてほしいですよね。そのために、まず１日目は自己アピールでポイントを稼ぎましょう。

ポイント①　字はデカク

「それじゃ、席は明日決めるから、とりあえずすわってくれるかな」
　私は、子どもたちをすわらせます。そして、
「はじめまして！　みなさんと１年間いっしょにすごすことになりましたみぞべです」
　そう言って、大きく黒板に私のフルネームを書きました。
「でけえ……」
　だれかが、つぶやきます。その瞬間に「ありがとう」笑って返します。

ポイント②　人形がしゃべる

　そして、机の下に隠しておいたトトロのパペットを取り出します。
「はじめまして！　ぼくは、チビトトです。よろしくね」
　私のチビトトに乗りのいい子は、反応します。
「ぼくは、このクラスをトトロのようなゆったりとした暖かなクラスにしたいな。そして、この教室をトトロの森にしたいと思ってます」
　チビトトは語りました。

ポイント③ 得意な「わざ」でヒーローに

　こんどは机の引き出しから、ケン玉を取り出します。
「はじめは、モシカメです。♪もしもしカメよ、カメさんよ～」
　得意なケン玉で子どもたちをひきつけます。日本一周、世界一周とすすむと、もう拍手の嵐です。
「明日は、この先を披露するよ。楽しみにしてね」
　子どもたちに驚きを与えることに成功しました。

ポイント④ 帰ったあとのことをイメージする

「ええ？　もう帰るの？」
「時間を守り、どこよりも早く帰る。これも先生のモットーです」
　先生は時間を守る、このことを子どもたちに印象づけるのです。あとあとこれは生きてきます。
「じゃあ、先生とじゃんけんをして、勝った人から帰ろうね」
　クラスはとたんにじゃんけんの世界に変わり、子どもたちは帰って行きました。帰った子どもたちがどんなことを家庭で話すのか、想像すると楽しくなる、そんな出会いにしたいですね！

Ⅰ章　最初の1カ月が決めて！

〈2〉はじめての班づくり

出会うと教室で行うことは、班づくりです。班づくりは、出会いから何度も繰り返され、どうかするといつももめごとの種になります。子どもたちは、これを席決めといいますが、「班づくり」グループづくりです。

ポイント①　班はスモールワールド

　班をつくることは、教室の中に小さな世界をつくることです。まず班のなかから子ども同士の出会いをつくり、交わりを深めていくことで、教室が安心できる空間へと進化するのです。しかし、かかわりをつくる中でトラブルも起こります。でも大丈夫です。それが人生です。トラブルのない人生なんてありません。起きたトラブルの解決の仕方をともに探っていくのも班です。

ポイント②　こんなふうに班を使おう

①給食を食べるときに机を寄せて、班の食卓をつくる
②掃除のときに、ともに働く
③係を受け持ち、分担して仕事を果たす
④プリントを配るとき、班を使い「はい、どうぞ」と声をかけ合う
⑤ノートを集めるとき、班を使い「持ってきていますか」と励まし合う
⑥話し合いのときに班を使って考えを出し合う

ポイント③　子どもたちの関心を集めるパフォーマンス

　さて、始業式が終わって教室に帰ってくると、

「先生、席を決めんの？」

　子どもたちが、催促するように言ってきます。子どもたちの関心は、担任の先生がわかれば、次はだれと隣同士になるのかに移っているのです。でも、元気者の子どもの声に乗ってはいけません。ここで、相手のペースに乗れば、１年間子どものペースで進むのです。

　では、こういう子どもの声にどう教師は反応したらいいのでしょう。対話のポイントです。こういうときこそ、すぐには答えないで大きく構えることが大切です。余裕を示すことです。

　まず大きく深呼吸をして、少し微笑みながら廊下側から南側の窓のほうをゆっくり見渡します。教卓に軽く手をあてたほうが、どっしり構えているように見えていいかもしれません。子どもたちは、この教師の様子にこれから何を言うんだろう……と期待します。

ポイント④　１回目の班は、出席番号順でつくる

　まず、ゆっくりと、
「これから第一回の学級会を開きます」
と言います。多くの子どもたちが、何が始まるんだ……そんな顔をするで

しょう。
「提案者の先生、おねがいします」
と言って、いったん身を引き、
「ええ、提案者のみぞべです」
そう言いながら、再び中央に出てきます。
「一人二役か……」
子どものつぶやきが聞こえます。少しぐらい子どもたちを惑わせたほうがいいのです。そのほうが長持ちします。
「先生は、名前をおぼえたいので、これから2週間、出席順に班をつくりたいと思います。出席順で6人がひとつの班です」
ここまで言うと、教室のはしにもどり、そしてまた中央にやって来て、
「今の提案に質問はありませんか」
と少し声を変えて、司会として子どもたちに話しかけます。
テンポのよいパフォーマンスに子どもたちは、うれしそうな顔をします。
そうなればもう、こっちのペースです。これで出だしの「つかみ」は完璧です。

ポイント⑤　大切なことは、話し合って決める

「それでは、賛成の人は手を挙げてください」
と言って、みんなの意思を確認して話し合いを終えます。これがもうひとつのポイントです。大切なことは、話し合って決めるということを示すことです。それだけではありません。これからこのパターンで、学級が進んでいくことを予感してほしいのです。
子どもたちは、この教師のパフォーマンスにひきつけられ、明るいトーンで学級はスタートするでしょう。

Ⅰ章　最初の1カ月が決めて！

〈3〉班をかえたい
子どもたちの要求にドッキリ

2週間がたちました。子どもたちは、こんどは自分たちの望むように班をつくりたいと言い出します。でも、強い子の望むような形で班をつくってしまうと、この先クラスは、崩壊の道を歩むかも……

ポイント①　班のつくり方を募集する

さて、出席順に班ができ、2週間がたとうとしています。
「先生、今度はどうやって班をつくるの？」
と、聞いてきます。聞きにくるタイプは2つです。

ひとつは、積極的で新しいクラスにもなれ、友だちができた子。あるいはこれまで同じだったクラスの子どもと隣同士ですわりたい、同じ班になりたいという子です。

もうひとつは、その反対です。友だちがつくれない。このクラスでも、これまでのクラスでも、ちぢこまって生きてきた子どもたちです。いろいろ言いにくる子どもたちの顔を心に記録しながら、少しぐらいじらし、もったいぶって班がえのときを待ちます。

さて、2週間がたちました。いつもの要領で、
「これから第12回の学級会を開きます」
そう宣言して学級会を始めます。このときの司会は、委員長さんです。彼らも学級会のスタイルに、少しずつなれてきているので、学級会のメニューを読みながら進めます。はじめに私が、
「今度つくる班の期間は1カ月です。でも、クラスの半分以上の人が班を変えたいと言ったら、いつでも変えます。では、どうやって班をつくったら

いいか、考えを出してください」

　期間や、どうしたら班がえがおきるのか、はっきりさせて話し合いに入るのがポイントです。好きな人と一緒になれずに泣く子まで出ることがあるからです。考えてみてください。大人だって、旅行に行ったとき、だれと同じ部屋になるのかは、重要なことです。同じ気持ちが子どもにもあるのです。

ポイント②　子どもたちの意見は、３つ

①「好きなもの同士！」と、勢いよく返ってきます。積極派の意見です。しかし、これだと子どもたちの人間関係はわかりますが、一人ぼっちの子どもは残ってしまい、泣き出します。

②「くじがいい」──仲良しがいない、少ないタイプはこう言います。これだと、偶然が中心で人間関係はわかりませんが、一人ぼっちは出ません。はじめのうちは、これが無難でお勧めです。

③「先生につくってもらう」──こんな意見が出るときもあります。先生を頼り、いい子ちゃんが多いクラスです。こんなときは「先生が決めたことに文句を言わないでね」と念を押し、おかしな班をつくりたくなります。

ポイント③ 学級会のルールをつくる

3つの意見が出たところで、提案者の私は、
「意見が3つもあるときは、どうやって決めるの?」
と、問い返します。これが一番のポイントです。
「それは、多数決やろ」。子どもたちが言うのを待って、
「意見が分かれたら、多数決で決める」
と、クラスのルールとして確認します。班がえの仕方を話し合いながら、学級会のルールをつくっていきます。

ポイント④ 責任は、決めたきみたちにある

「多数決の結果、くじに決まりました」
司会をしている委員長が結果を言い、学級会が終わったところで、
「くじで班をつくると、決めたのは誰?」と、すかさず聞きます。
「それは、みんな……」
「そう、みんなが手を挙げて決めたんだよ。責任はみんなにあるんだ」
決めた子どもたちに、責任があることをはっきりさせながら、
「くじ引きのくじは誰がつくってくれるの?」
と、投げかけます。いくら子どもの意見をもとに決めても、くじを教師がつくっては意味がうすれます。
この流れの中では、くじを提案した人がつくるか、委員長がつくるか、あるいは新たにくじをつくる人が出てくるか、どれかになります。

ポイント⑤ くじを子どもたちにつくらせる

次の日、くじを担当した子どもが、くじと座席の表をつくり、くじびきの世話をし、わいわいガヤガヤ言いながら新しく班が出来上がるのです。
これをしばらくの間、繰り返します。二学期の中ごろには、もっとたくさんのアイデアがクラスの子どもたちの中から出るようになり、班をつくるときの話し合いが盛り上がってきます。班をつくる中に、たくさんのことが隠れているのです。

I章　最初の1カ月が決めて！

〈4〉給食を楽しくスムーズに

「やることが見える」と子どもたちは動き始めます。分担と仕事の内容をはっきりさせた当番表のいろいろや、楽しくする給食の係活動などで子どもも先生もニッコリの給食時間のすごし方、いっしょに考えてみましょう。

◆こんなはずじゃなかったのに……

　1学期が始まって間もなく給食が始まりました。もう3年生なんだから、自分たちでしたくができるかなと思い、
「さあ、ひなたちゃんは小さいおかず、がっちゃんは食器」
と、元気に子どもに指示します。
　しかし子どもたちはおいかけっこをしていて、ちっとも白衣に着替えません。こんな時はあわてず騒がず、私のやさしさもアピールできるいいチャンスと思い、
「がっちゃんは白衣マンにへんし～ん」
と言ってみました。
「なに言ってるの。遊ばないでよ」
と、がっちゃんは逃げてしまいましたが、くろちゃんやまみちゃんたち何人かは「なんかおもしろそう」と「へんし～んごっこ」で、白衣に着替えました。
　こんな状態で、とにかく着替えた人だけで給食室へ。入り口には白い三角巾をかぶった給食主任のちかこ先生が立っていました。じろっと見ると、
「3の2。人数3人不足×××。マスク2人××。時間……」
と模造紙の表に書き込みました。見ると、どのクラスも○で、×なんかう

ちのクラスぐらいです。
　やっと配膳が終わって食べ始めましたが、私はとても給食を食べる気になりません。がっちゃんが「ヨーグルトおくれ」と来たので、ヨーグルトだけはとられないように手で押さえていると、なっちゃんとまみちゃんが、
「先生、前のクラスは表があって、係もあったよ」
と教えにきてくれました。そこで今までのクラスのやり方を聞いてみました。

ポイント① やることが見える

【係いろいろ】
　①並ばせ係──給食当番に時間を指示し、並ばせる。（低学年だとタイマーや砂時計で「10、9、8……」と言って並ばせてもよい）
　②準備係──机や配膳台を拭いたり、ストローを配ったりする。先生がいっしょに食べるグループに椅子を準備する。
　③お楽しみ係──待っている間、クイズや読み聞かせ、お笑いをやって席を立たず待っている。
　④挨拶係──献立を発表したり、はじめや終わりの挨拶をしたり、おかわりの量・数を発表する。

【当番表いろいろ】
　①黒板や壁にマグネットや名札で表示する。当番が変わる時に名札をずらしていく。当番グループごとに「トトロ組」「メイちゃん組」などと名前をつけておくと、当番を変える時にわかりやすい。
　②学期分印刷して、家庭にも配布。教師の机の所とドアに貼っておくと、「表を見て並ぼう」と言えばよい。白衣忘れが少なくなる。
　③白衣を係ごとにかけるようシール（パン係、食器係など）を貼っておく。廊下の物掛けを利用する。軽度発達障害傾向の子どもにもわかりやすいし、毎日白衣をさがす子どもにはこの方法がおすすめ。当番最後の日には次の当番に白衣をかけさせると、月曜日がスムーズになるし、白衣を忘れている子にも声をかけられる。

④低学年では、係ごとに名札を作り、白衣の胸につける。名札は100円ショップで売っている。わかりやすいのでよいが、白衣にピンの後がつくのをいやがる保護者もいるので、了解をとってから。当番の最終日に次の当番に名札を渡すと月曜日に混乱しない。

ポイント② みんなで決めるといい感じ

たしかに、子どもたちが教えてくれた方法はどれも「なにをやるかが見える」ものです。

「ねぇー、みんな、どの方法がいい？」

と言うと、子どもたちが集まってきました。みんなでがやがや話し合い、多数決で給食係は②と③、当番表は①と③の方法を選びました。

「週1回好きなものグループで食べたり、お誕生月で分けたりいろんなグループで食べたいな」

と、まみちゃんが言うと、みんなもうなずいています。

「あっ、さくら！」

と言う声に振り返ると、きれいな桜。

「明日は、さくらちらちらお花見給食。1組も誘おうよ」

と、くろちゃんが言う声に賛成の拍手。

「みんな明日、ヨーグルトの入れ物で皿回しを作るからね」と言うと、

「おれは中身がいい」

と、がっちゃん。私があわててヨーグルトを食べたのは、いうまでもありません。

※皿回しの作り方は121ページで紹介。

Ⅰ章 最初の１カ月が決めて！

〈5〉掃除は格闘技？

掃除の時間はけんか、追いかけっこが起こり、ほうきやモップは武器になります。でも掃除をやる気にさせる方法を考えると、「掃除スイスイ」クラスにだんだん変身します。「掃除は楽に」がキーワードです。

ポイント① 掃除をレース（！）に

　今日も掃除の時間、壮太は、下の１年生に向かって「バーカ」と言いながらたっぷりぬれたぞうきんを投げ、じょうろで水をまいています。止める前に１年生の伊加利先生がどなりこんできました。
「先生が甘いから掃除もできないんですよ！」
　でも子どもたちは平気。見事（？）に掃除用具を使いこなし、戦いごっこに夢中です。かっちゃんはモップとほうきの二刀流で、ぼんちゃんと「ホコリ目つぶし」を対戦中。ユメ男はゴミ箱に体当たりして、楽しそうです。このままでは、掃除は戦いごっこに勝てません。
「さあ、ぞうきん耐久レースを始めます。レースに参加したい人はこの線に並んで」
　と、赤いビニールテープを貼りました。ぞうきんをその線にそって５枚並べました。多すぎるとぞうきんがけをやらせることがばれてしまうので、５枚限定です。案の定、子どもたちは"武器"を捨て、ぞうきんに飛びつきました。
　床はレースを何回かすると、まあまあきれいになりました。私だって負けてはいません。子どもチャンピオンと対決。最初の何回かは絶対負けられません。酸素マスクが必要なくらいがんばります。

　次に、いろんな人がチャンピオンになったほうが盛り上がるので、「じゃんけんして勝ったらスタートできる」とか、「〇秒でゴール」とか、いろいろバリエーションをつけてみます。子どもたちのほうが楽しいアイデアを出すので、給食を食べながら聞いてみます。「班ごとぞうきんレース」とか、「ほうきはきまくり競争」とか、「ビーチボールカーリング」とか、「楽しい」ということで考えるといろいろ生まれてきます。

　さて、盛り上がってきたところで掃除の分担に入ります。

ポイント② 「子どもは楽しく、先生は楽に」への道

①ゲームで勝った順にやりたい場所を取れる。

　　もし自分たちのやりたい所が取れなかったら、その場所のグループがちゃんとやっているかどうか、じっと見て、さぼっていたら、今度は自分たちがその場所になりたいと、交替を言うことができます。

②掃除点検班をつくり、どの班にも行き、さぼる人やケンカする人を数えて帰りの会で発表する。もし掃除点検班の点検に不満があったら点検班に意見を言うことができる。×が少ない班が、次の点検班になります。

③「床ぶきぞうきんよごれコンクール」とか、「水ぶきぞうきんカタ絞り大会」とか、「教室掃除タイムレース」など楽しいコンクールを開き、良い成績順に掃除場所を選べます。

ポイント③ 掃除講習会を開こう

　ほうきやぞうきん、はたきなど今、家ではあまり見かけない道具です。子どもたちはどうやって道具を使ってよいのかわからないのかもしれません。そこで「掃除講習会」を開いています。

- 1年生＝6年生や2年生に掃除のやり方や、こうすると上手にできるという方法を手とり足とり、ぞうきん取りで教えてもらいます。
- 2～6年＝今までどんな方法でやっていたのか発表し合います。クラスにより方法がいろいろあるので、良いところをとり、新しいクラスに合ったものをみんなで話し合って決めます。また、掃除分担場所が変わる時は、前にやっていた人たちが方法や、早くやるコツなどを伝授します。

ポイント④ 子どもたちが方法を考え始める

　ある日、なっちゃんとまみちゃんとくろちゃんが「センセ、掃除ルーレット作ったら」と言ってきました。でもきっとやらない子はやらないままだと思い、学級会を開くことにしました。そこで提案したのが、「ゴミの重さで自分たちのやりたい所を決めよう」。班会議をして自分たちのやりたい所を決めます。タイガたち2班は溝にゴミがありそうだと校庭を、なっちゃんたち3班は職員室、くろちゃんたち4班は昇降口と決めていきます。

　いよいよ試合？ではなく掃除開始。タイガたちは溝掃除を「くさ～」と言いながらも猛烈にやり始めました。そして見事1位。校庭掃除を見事ゲットしたのです。しかし、子どもたちもしばらくすると「なんか先生、これ引っかけだよ。ゴミが多い所って掃除大変な所だ」と言ってきました。「そうかな。いいアイデアだと思ったけど。じゃあ、自分たちで決め方を考えてみたら。班で話し合って、学級会に出してみたらいいかも」と私。

　子どもたちが少しでも楽をしたいという思いから、真剣に話し合いを始めたらすごい。自分たちが決めたことを守ろうとする中でがんばりも出てくるし、トラブルも起こります。トラブルがないほうが教師は幸せですが、本当は子どもたちが日常生活の何かで抱えている問題が、掃除の時のトラブルとして出てきていることが多いのです。トラブル解決のよい場面にもなります。

Ⅰ章　最初の1カ月が決めて！

〈6〉楽しい係でクラスを演出

> 係活動はどのクラスでもやっていると思いますし、やり方もいろいろ。でもちょっと発想を変えると、子どもたちが動き出し、楽しい活動が生まれてきます。また、子どもと子どもの新しい出会いをつくったり、抱えている課題を解決したりするチャンスを係活動は運んできます。

ポイント①　必要なものから係をつくろう

　40人ギュウギュウのこのクラス。去年から授業不成立でけんかが絶えません。もちろん「並びましょう」などと言ってもだ～れも並ばず、私は「並べと言ったら並ぶんだーッ！」と怒鳴りまくっていました。

　疲れ果ててふと窓の外を見ると、でっかい声で翔太がドロケイをやっています。「う～ん、あの声だったら、みんなが並べるかもしれない」とひらめきました。帰ってきた翔太に、

　「ねぇ、大声チャンピオン大会しない？　負けないよ」

と言ってみます。負けん気の強い翔太は、

　「やってやろうじゃねえか」

と案の定、乗ってきます。2人でやってみると、迫力の違いで翔太の勝ち。11人が並びました。「すごい翔太！」と言うと、翔太は、

　「1年から消火器ぶん投げていたからね」と胸を張ります。

　すると授業中エスケープしていて、ほとんど教室にいない勘太郎もやってきて、翔太に何をやっているのかを聞きます。

　「いま大声大会やってるんだ。オレなんか11人並ばせたんだぜ！」

と翔太が胸を張って答えました。勘太郎は「オレも」とつぶやき、息を吸って、

「並べ――！　10、9、8……」

と、絶叫マシーンのように叫びました。14人も並び、並んだみんなは「勘太郎、おまえに言われたくない」という顔をしながらも並んでいます。

翔太と勘太郎は「並ばせチャンピオン」になり、「並ばせリーダー」になりました。翔太に、

「勘太郎呼んできて、みんなを並ばせて」

と言うと、翔太はどこからか勘太郎を呼んできます。そして、「声だけで」みんなを並ばせます。この取り組みの良いところは、

1）いつも並ばない翔太と勘太郎に取り組まなくてよい。

2）2人が並ばせている間に、私は他の並べない子どもに取り組める。

3）暴力性の強い2人ではあるが、その影響力を、クラスの前進のために使うことができる。

つまり、いつもはけんかをしたり、問題ばかり起こしている2人の「声が大きく、みんなを並ばせられる」という点をクラスのために使って、クラスを前向きなトーンに包んでいきます。

> **ポイント②** 係レースは子どもたちの関わりを育てる

　クラスがスタートしたばかりの時は、私は係を生活班で取り合うこともよくやります。生活班とは4人から7〜8人のグループで、給食を食べたり掃除をしたりするグループです。この班に係の活動も加えます。

　太助たちの4班は給食係に立候補し、「これがお得です」コーナーで「給食のとき、お誕生日の人をお祝いします」というコマーシャルをしました。けれど麻美に「4月のお誕生日の人は、たっちゃん一人です」と言われ、「給食中、クイズを出して楽しい給食にします」という麻美たち3班にやぶれてしまいました。太助は、1年生から毎日続けているという給食のおかわりを忘れてしまうほど悔しがりました。

　でもその悔しさが大切なのです。じっと給食中のみんなの様子を観察し、リベンジをねらって、次の作戦を班で練っています。そして「給食のおかわりの順番を、けんかがないようルーレットの表を作ります」という作戦で給食係を取ることができました。でもまた、麻美たちは……というように、この係レースは続いていきます。

　ただ決められたからやるというのでなく、係が自分たちのものという感じがしてきます。それは自分たちのやりたいことをどんどん実現していく楽しさと、みんなから「楽しいね」とか、「ひゃ、すごい」と言ってもらえる作戦を班みんなで考え合う楽しさです。

> **ポイント③** 係も進化する

　しばらく係レースをしていき、班で相談することや分担して活動することなどが大丈夫かなと思えるころ、係活動の次の展開を考えます。

①当番活動（一人1役制）＋実行委員会的係

　　これまでの係は当番活動や一人1役制（2、3人で一つの仕事でもよい）にしてしまう。そして、子どもたちがやりたい係を出し合い、やりたい子どもたちが集まって活動するのです。音楽係、お誕生日係、遊び係、お助け係……。

②今までの係活動の内容をレベルアップする

　たとえば給食係でも屋上など場所を変えたり、学習係は忘れ物を貸し出したり、自作のプリントを印刷したり、生き物係が野菜作り（プランターでトウモロコシとすいか、ポリバケツでさつま芋と米を作ったことがあります）、遊び係のお化け大会、生き物係のバードウォッチング、音楽係のゴスペル大会、本係の良いビデオを見る会、保健係の「骨までやせないダイエット」など、どんどん子どもたちの夢を実現させていってあげてください。

③日直（班）＋このゆびとまれ係

　①の方法だと活動の時間もないし、評価もできないという場合、学級での生活をしていくのに必要最低限のこと（電気つけ、出席調べの表を取ってくる、黒板ふき、学校からの手紙などを取りに行く、授業のあいさつなど）を話し合って決め、日直（班）の仕事に加える。係は「この指とまれ方式」で決めていきます。

　また、トラブルが起きたら、教師の出番です。子どもたちの言い分をていねいに聞き取り、次の活動に生かせるようにできるチャンスです。グループの中に入り、事実の聞き取りに入ります。もちろんトラブルを解決することも大事なのですが、その中に隠されている日頃の不満や子どもの生活のウラ側を知る絶好のチャンスです。

> **ポイント④** こころに残る思い出の係

◆「先生の秘書係」

集金日や行事を忘れてしまう私に、

「しっかりしてよ。先生が忘れるなんて。恥ずかしい。ぼくたちがやる」

と、ありがたい秘書係がつくられました。他のクラスの様子をさぐって、みんなに知らせる係です。

「先生、明日プールだって」

「3組は明日パソコンやるって」

など、他のクラスの情報を積極的に集めてきました。理科の実験の準備をしようとすると心配だからとついてきて、理科の達人の先生に一緒に教わりに行き、授業の時には学習ガイドさんになって大活躍。ときには完璧でない先生もよいものですよ。

◆「おっかけ係」

ＡＤＨＤの風太はあっという間に廊下の下窓から抜け出し、"旅"に出てしまいます。なかなか追いつけず、やっとつかまえても蹴られたり、つねられたりして、また逃げられてしまう毎日でした。

ある時、もう一人のＡＤＨＤのたけしも逃げてしまいました。たけしを追いかけていると黒い影が！　風太です。時代劇が大好きな風太に、

「親分さん、あやしい奴が！　ホラ、あっちに」と言うと、

「なに？　あやしいやつだと。ものどもひったてぃ！」

と方向を変え、たけしを見事見つけ、

「ご用だ。ご用だ。ピシィピシィ（銭を投げるまね）」

と、たけしを教室へ連れてきました。見事な"おっかけ係"誕生です。

でも、係の仕事を終えると風太はまた、"旅"に出てしまうのです。

Ⅰ章　最初の１カ月が決めて！

〈7〉教室のインテリア

> 新学期、それも出会いから１週間は、最大のポイントです。子どもたちの口コミが保護者の信頼を集めます。そこで、毎日少しずつ子どもたちが喜ぶような工夫をします。その一つが教室のインテリアです。まずは、見た目が大切です。

ポイント①　教室にトトロブームをつくる

　あれは、４年生を受け持ったときでした。始業式の次の日、こんなことを話したのです。
「先生は、トトロが好きです。みなさんはトトロを知っていますか」
「知ってるよー」
　大きな声が返ってきます。それにまじって、
「トトロの本なら、うちにあるよ」
　立ち上がって、言い出す子までいました。
「そう、うれしいな。先生は、この教室をトトロの森にしたい。そして、トトロのような暖かい心を持ったクラスにしたい」
　これが、私からのメッセージです。トトロにメッセージを託したのです。
　さて次の日、何が起きたと思いますか。トトロの絵本を子どもが持ってきたのです。３人も！　それで、子どもたちを学校の校庭にある大きなクスノキの下に連れ出し、読んで聞かせました。
　すると次の日、またトトロの絵本が届き、またその次の日も！　とうとう１週間後には、16冊にもなりました。

　すると、ひとりの女の子が近づいてきて、
　「私も、持ってきたいの。でも、本屋さんに行ったら、売り切れたから2週間待ってって言われたの」
　すまなそうに言いました。すまないのは、こちらのような気がしてきました。でも、その女の子は小さな手をそっと私に差し出し、
　「かわりに、トトロのぬいぐるみを持ってきたの」
　と、言いました。小さなトトロです。
　それから2週間、いろいろな大きさのトトロが集まりました。とうとうトトロだけでなく、ネコバスまでやってきて、教卓はすっかりぬいぐるみ屋さんです。

> ポイント②　毎日ひとつずつ何かが増える

　さて前面には、大きなトトロの看板といかなくても、色画用紙大のデカトトロを貼り、その周りには、子どもたちの手作りトトロを貼りたいですね。
　1日目には、トトロのような学級をつくろう、と呼びかけ、2日目にはトトロの絵本を見せ、3日目にはトトロの絵をコピーして貼ります。4日目に

Ⅰ章　最初の１カ月が決めて！

▲高さ３メートル、天井まで枝を張ったクスノキ。

▼トトロの中にこどもたちの写真。

は絵を誰かに描いてもらいます。そして次の日、みんなで教室の前面に貼るトトロを描くのです。子どもたちの気持ちは、毎日高ぶってきます。そう、日替わりで目玉をつくるのです。すると、

「今日は教室がどうなっているかな……ああ、あれがふえてる」

朝から子どもたちがにぎわいます。

ポイント③　でっかいシンボルをつくる

「でっかいクスノキがほしいなあ……」

子どもたちが、つぶやきます。

「クスノキか……」

私は迷いました。楽しいことに取り組むと、子どもたちのイメージもどんどん広がります。こんなつぶやきが聞こえたとき、あなたはどう対話しますか。私は一晩考えて、

「クスノキをつくりたい人を募集します」

と、この指とまれ式で呼びかけました。そう、募集することにしたのです。やりたい人が集まって実行する。それがクラスに明るいムードをつくるのです。

それから毎日、子どもたちはダンボールを集めてきました。

４日後、軽トラックが突然グラウンドに入ってきました。

「グラウンドには、車は乗り入れできないのに……」

「あっ、じいちゃんや！」

ショパンが言いました。ダンボールが届きました。軽トラックいっぱいのダンボールが。ショパンのうちは、ピアノ屋さんでした。

こうして2週間後、教室の廊下側にある真ん中の柱に、床からスクッと伸びて、天井まで枝を張った3メートルもあるクスノキが出来上がりました。材料は、あのダンボールです。ダンボールで幹と枝をつくり、カラー画用紙で葉っぱをつくり、1枚1枚貼りました。

窓を開けると、時どき葉っぱが落ちてきます。

「ああ、もう秋なんだなあ」

なんて、落ち葉を見ながら言うと、

「クスノキの葉は、秋に散るんかな」

物知りの女の子が言いました。

ポイント④ いこいの広場でホッと一息

こういう掲示物だけではありません。もうひとつ、自慢のアイデアがあります。それは、いこいの広場です。私のクラスでは、そう呼んでいます。

これは、子ども用の机を3つつなぎ、その上から布をかぶせ、ひとつの大きなテーブル風にしました。それに、ホームセンターなどで売っている白い椅子を3つほど買い、まわりに置いています。

また、たまたま学校に木でできたベンチがあったので、それもそっと借りてきました。これがいこいの広場です。私はここで給食を食べます。食べていると、かならず、

「おれも食いたい……」

と言いだす子がいます。だいたいクラス一番の元気者です。すると彼を呼んで2人で食べます。またまた言い出す子どもがいます。2番目、3番目の子どもたちです。まとめて面倒を見ます。

ポイント⑤ おしゃべりで生活を知る

でも、ここがポイントです。ただ食べるのではありません。おしゃべりをしながら、情報を集めます。その話しかけ方は、こんな調子です。

「ナベちゃん、きみって、いつも何時ごろに寝るの?」
「ええ、おれ……10時か、10時半ころかな」
「遅いなあー。おれは10時には寝てるよ」
「よくそれで、親から叱られんなあ」
「おれは、もっと遅いよ。11時過ぎか12時くらい」
ナベちゃんが言いました。私は、そこに絡みます。
「なんで……」
「だって、おれとこな、姉ちゃんと母さんなんだけど、母さんが遅く帰るから、晩飯は9時くらいなんや」
「でもその後、すぐに寝ればいいやん?」
まわりの子どもたちも、うなずいてくれます。
「それが、できんのや」
「なんで?」
「だって、うちはアパートに住んでるんで。部屋が2つしかないんで。寝ようにも、テレビがついていたら、眠れんやろ」

　食べながらというのは、いいものです。子ども同士の会話の中でたくさんの情報が得られます。初めて、このコーナーを作ると、
「だんだん教室が、家になる……」
　子どものため息が聞こえます。最高のほめ言葉です。子どもたちに安心できる空間を提供したい、と私は思います。

I章　最初の1カ月が決めて！

〈8〉あしたも来てね！幸せ気分で帰りの会

新しい出会いがはじまりました。笑顔ですごそうと思っていても、それは3日ともちません。楽しいクラスにしたい……そんな思いは吹っ飛んで、今年も叱る日々がはじまるのか。せめて、帰り際くらい幸せ気分で終わりたいものです。

ポイント①　先生の話に子どもが鈴なり

　私のクラスは、帰りの会が大人気です。その秘密は、先生の話です。私の子ども時代の話をしていると、となりのクラスの子どもたちまで廊下の窓をあけて聞くようになりました。
　「あれは、先生がきみたちと同じ5年生のころでした。友だちと自転車でレースをしました。どっちが速いか競争です。舗装したての道を思いっきり飛ばした。緩やかなくだり坂で、自転車は気持ちいいくらいスピードが乗っている。汗だくでぶっ飛ばして、ゴール……と、思ったそのとき、道がなかった。道路工事で道が変わっていて、目の前はガードレール。急ブレーキをかけると、タイヤが止まって、ビューンとぼくと自転車が一回転。そして、ガードレールに激突。今なら、救急車モノです。ズボンは破れ、血がタラ～と流れ、しばらく気を失った……」
　ここまで話すと、子どもたちを見渡します。かわいそう、という表情を浮かべている子や情けないな、という顔をしている子どももいます。でも、みんな話に引き込まれていることはたしかです。
　「ほら、このオデコのコブ。これがそのときのコブ、証拠なんだよ」
　髪をあげて前の子どもにさわらせると、

「ほんとうや……」
「おれにも、さわらせろー」
と、いっせいに声が上がります。何人かにさわらせたあとに、
「今日はこれで帰ろうね。あしたはどんなケガの話か、楽しみにしてね」
「ええ、あしたもあるの？」
「あるよ。しばらくケガシリーズが続くんだ」
「うわ……すごい」
見れば、廊下は鈴なりです。

> ポイント② 子どもたちの「ケガ自慢大会」

さて、これを続けていくと、どう発展すると思いますか。そう、子どもたちも話したくなるのです。
「この傷が、てんぷら油が飛んだときのもの」
「3針もぬったんだよ」
「なに言ってるんか。おれなんか7針ぬったぞ」
口々に言いはじめます。そうなったら、どう切り返しますか。ここが大切なところです。
「それじゃあ、班ごとにケガの自慢大会をしよう」

と、呼びかけて机をくっつけてもらいます。そして、ひとりずつケガの思い出話をしていくのです。ひととおり、まわったところで、

「だれが、ケガのチャンピオンか、班で決めてね」

と言って、チャンピオンに立ってもらい、自分を語ってもらいます。何を言っても「すごーい！」と驚き、拍手を送ります。

こうやって、自分を語る場を自然とつくります。お互いの小さかったころのことや家の話が出るようにするのです。

これを大人に置き換えてください。だれにでも、小さかったころのことを話しますか。自分の失敗談をしたくなりますか。なりませんよね。けれど、そういう話をした相手とは、盛り上がるでしょう。

クラスもそれと同じです。自分を語り、失敗したことを語り合うことで、教室が安心できる空間へと変わっていくのです。

私の話は、アルバイトシリーズ、出会った子どもシリーズへと進んでいきました。誤解がないように付け加えますが、話は5分以内です。帰りの会は短く、あっさりと子どもたちを帰します。長い話は、「次回へ続く」です。

ポイント③　速さは、うまさ

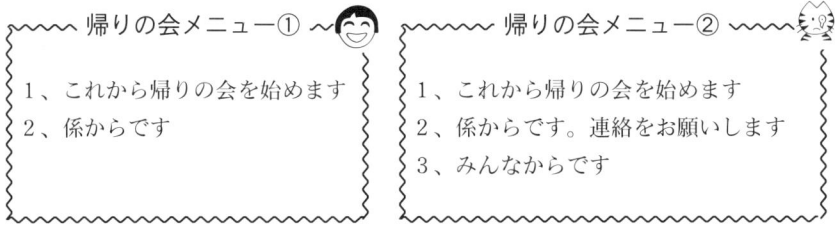

出会いから大切にしていることは、帰りの会はあっさりと終わることです。

メニュー①は、子どもと出会ってから1カ月ほどのものです。このパターンだと帰りの会は、先生のエピソードを5分と考えても、7分くらいで終わります。あっという間に、さようならです。このスピード感が出会ったころいちばん受けますね。子どもたちは、喜びます。

「ヤッター！　また一番や」

「そうで、先生は時間を守るからね。みんなも協力してね」

　そう言いながら帰します。しかし、「うちのクラスは、帰りが遅いんだ」と言う先生が必ずいます。遅いのはなぜか、その理由は次の3つです。

1. 荷物を入れるのが遅い
2. 連絡帳を書くのが遅い
3. 遅くなる間にもめごとが起こる

　そこで、荷物はタイマーで時間を区切り、班の友だち全員が入れたら手を挙げてもらいます。そのうち、
「3分で帰りの用意をしてね」
などと、言わなくてもすむようになります。
　次に連絡帳です。はじめのころは、朝の会のあとにすぐに連絡します。
「もうあしたのことか……」
「そう、みんなが静かなうちに連絡しておくよ」
　こんなやり取りでスタートします。そして、4月の終わりくらいになると、お昼ごろに書き換えておいて、授業が早く終わったときに、
「あしたの連絡帳を、いま書いておいてね」
と、すすめます。これで帰り際のもめごとは減ります。

ポイント④ 帰りの会は「進化」する

　一カ月ほどたつとメニュー②になります。「みんなから」を加えてよかったことや、困ったことを自由に言えるようにしています。はじめからこの項を入れると、言われた人が仕返しのように発言したり、弱い子が守ってもらえず、泣き出すこともあるので入れていません。メニュー②で、自由に発言できるようにしながら、2学期になるとさらに進化します。

```
～～～～ 帰りの会メニュー③ ～～～～
（2学期になると4を加える）
4．班からひとつです
　　今日は、1番さんが2番さんのいいところ
　　をほめる日です。では、1班からどうぞ。
```

　4を増やします。6人の班の場合、まず順番を決めます。そして、1番さんが2番さんのいいところを1日のうちで見つけます。それを帰りの会で発言するというものです。

　「きょう、ぼくが鉛筆を忘れて困っていたら、ヤマちゃんがソーッと貸してくれました。ヤマちゃん、立ってください。ヤマちゃんって、やさしいんだね。ありがとう」

　ヤマちゃんは、みんなの拍手を浴びました。

　「今日、おれがほめられる番なんや。どうしよう……」

　実はヤマちゃん、朝から緊張していました。今日はほめられる番なのです。そのヤマちゃんがみんなの拍手を浴びながら、

　「おれ、生まれてはじめてみんなの前でほめられた。家でもほめられたことはないのに……」

　小さくつぶやきました。弾むように帰っていく姿を見ながら、いい映画を見て幸せ気分で帰る、そんな気持ちで1日を終えたいですね。もちろん、いい映画とはサスペンスではなく、ロマンスです。教室にも、小さなロマンスがあるはずです。

> おまけの
> コラム

出会いを演出する

　新学期、一日目は忙しいのです。うちの学校では、校庭ではじめての出会いをして、そのままさよならです。この日の作戦は2つ。1つはてきぱきと進め、帰りを早くする。2つ目はインパクトがあり、明日も会いたくなるような出会いにすることです。

　まず配布物は全部ホチキスで綴じます。学級通信には自己紹介も書きますが、明日の予定や持ち物なども書いておきます。鉛筆で配布物に名前を書いておくと、名前を呼び、握手をしながら手渡せます。

　「先生の名前は篠崎純子。よろしく！　給食の早食いが特技です。では今日の佳き日をお祝いして一発！」と手品を始めます。

　「赤は友情の赤、黄色は黄金の夢、青は勇気いっぱい空の色」
　などと言いながら、3本のひもを取り出します。

　「赤が好きな人？」と聞いてみます。

　元気よく手を挙げる子、やりたいけどもじもじしている子、ふんと冷めている子、いろいろな反応をここで見ておきます。

　「赤はそこの元気な宙太郎さん、黄色はクニ男さん（自閉症）、青は風子、可南ちゃん（おとなしい）も一緒にね」
　と指名し、それぞれにひもを結んでもらいます。

　「さてお立ち会い、バラバラの3本のひも、みんなで引っ張ると、ほ〜ら、1本の輪になりました。このクラスもだんだんに1つの輪になろうね」
　と言うと、ぱらぱら拍手。拍手があればもうけもの。
「ではうれしかったり、良いことがあった時、これをやります。♪ラッキー（親指を立てて）チャチャチャ（手拍子）♪ウーマンボ（両手を腰にあて、お尻ふりふり）」とラッキーサインをやります。

　何人かがニコッとしたら大成功。間髪入れず、

　「では宙太郎さん、帰りの挨拶を！」と逃げだそうとしていた宙太郎をちょっと高い台の上に乗せます。「さようなら」をしたら、一人ひとりとハイタッチして1日目は終わり。（手品の代わりにくす玉、皿回し、ゲーム、牛乳パックで作ったとび出す竜など）

　その日の放課後から何日かにわけて学区をぐるぐる回りながら帰ります。それは、自分の目や耳で子どもの背景にある生活をみつめていくことが大切だと思うからです。

> **おまけのコラム**

休み時間のブームをつくる

　ある日の休み時間。
　2時間目の授業が終わり、ほっと一息つきたいな、そんなことを思いながら、職員室へ足を向けたくなります。しかし、ちょっと待ってください。出会いから1週間です。トラブルは休み時間に起こります。
　休み時間だというのにノン太は、じっと席についています。彼は腹を立てると噛みつきます。言いたいことがうまく言えなくて、
　（学校なんかつまらん……）
　そんな顔をしています。ドッヂボールができれば友だちも増えそうですが、運動は苦手です。おとなしい子どもたちに楽しい休み時間をつくるには、どうしたらいいのでしょうか。
　私と目が合うと、すがるような顔で見つめ返してきました。彼には遊び相手がいないのです。私はノン太のそばへ行きました。
　「将棋でもしてみませんか？」
　私は、ノン太に人と交わるためのワザを教えることにしました。人と交わるには得意なことがあると有利です。
　子どもたちは先生が将棋をしているということもあって、どんどん集まってきます。それだけでノン太は人気者です。
　「すげー、ノン太は将棋ができるんだ！」
　子どもたちが驚きます。
　「ノン太、将棋ができるんだから、それをみんなに教えてくれないか」
　私は頼みます。こうやって、子どもの得意なことを生かして、遊びのブームをつくっていきます。
　最近人気なのは、Ｓケンです。うしろの黒板に「昼休み、Ｓケンをしたい人は運動場へ」と貼り紙があります。やりたい人が集まります。からだとからだが触れるスリルが人気です。
　1対1の将棋や何人いてもできるＳケン、いろんな遊びがありますよ。他にも、カルタ、ケン玉、ドッヂ……。
　あなたもクラスに流行させたいゲームを考えて、子どもたちに楽しい休み時間を、自分にはゆっくり休憩する時間をつくろうではありませんか。

II章　トラブル怪獣の正体は？

Ⅱ章　トラブル怪獣の正体は？

〈1〉出会いは、トラブルの　　はじまり

> あれは、5年生を受け持ったときでした。本当にいやでした。だって、出会った日からけんかです。それも、子ども同士のけんかだけではありません。彼の矛先は、担任である私にも向いてきたのです。

ポイント①　ストレートでは、傷つくだけ

　山形くんは、5年生でした。クラスの発表が終わり、教室に戻ったその日からけんかです。
「先生、山形くんが殴っている……」
まだ名前もよくわからない子どもが、廊下を走って呼びにきました。
「ええ、もうけんかなの……」
私も走りました。
　教室のベランダ側の隅っこで、山形は馬乗りになって殴っていました。その腕をひっぱり、
「そんなことをしていいと思っているのか！　おりろー」
と、怒鳴ると、
「お前なんかに、受け持ってほしくない」
大声で叫びました。
（それは、こっちもおんなじや……）
私は心のなかで、つぶやきました。

ポイント②　相手を知ること

　では、私はどうしたらいいのでしょうか。いい考えも思いつきません。困

りました。それで、とにかく山形が1日にどれくらい暴力を振るうのか、数えることにしました。

「なあ、山形からたたかれた数をノートのはしっこに記録してくれよ」

私は、同じ班の子どもたちに頼みました。不思議なものです。こんな作戦でも対策ができると、なんだか余裕がでてきます。

山形は1日で67回まわりの子を殴っていました。私はそのつど彼の代わりに子どもたちに謝りました。そして次の日、山形がやってくるのを待ちました。

「ちょっとちょっと、山形くん」

と、呼びました。

「なんか……」

と、ぼそぼそ言いながら山形がやってきます。

「これ、なんだと思う?」

私が聞くと、

「67……なに……」

と、言って戻ろうとしました。その腕を引っ張り、

「きみが昨日まわりの人を殴った数だよ。今日は何回殴る予定ですか?」

明るく聞きました。

「何回って……」

そう言いながら無視しようとします。ここがポイントです。だれだって、本当の自分を見つめるのはいやです。山形だって、本能的に避けようとします。そこを逃さない感性が必要です。もう一度聞くと、

「うるせえなあ……58。58回や」

私の手を振りほどいて席に帰りました。

ポイント③ トラブルの背景を探る

さて、私はその数を黒板の端に書きました。そして、山形が殴るたびに記録していきました。この日、山形は61回殴りました。次の日は、48回。その次の日は、36回。少しずつですが、減っていきました。そして、2週間たったとき、8回になりました。

そこで、私は班長さんたちに集まってもらいました。

「なあ、どうして山形の暴力は減ったと思う？」

班長たちは、しばらく考え込みました。

「回数数えたから？」

「数えたら、どうして減るの？」

今度は私が、聞き返しました。

私も班長たちも山形はすぐ殴る、ということはわかっていました。けれど、1日に何回殴るかということは知らなかったのです。事実をつかむこと、これが大切です。

「山形は、どうして殴るんだろう？」

「ええ……」

また班長さんたちが、うなります。

「親がきびしいから？」

「親がきびしいの？」

「いや、知らない」

だいたいはじめに答える子には、聞き返すことが基本です。相手の言葉をそのままオウム返しに聞き返す。すると、もう一度深く考えます。

「あの……姉ちゃんのことかな」

「姉ちゃんのこと？」

「うん、たしか山形くんには２つ上の姉ちゃんがいるやろ。それかなあ。でも、どうしてか、わかんないけど……」

こうやって、子どもたちと一緒に山形のトラブルの背景を探っていきます。

ポイント④　本人から聞きだす

　私は放課後、山形のうちに行きました。そして、山形をドライブに誘いました。山形は学校とちがって素直に車に乗りました。走り出したら、もうこっちのものです。途中では、降りることができません。

「どうして、いっぱい殴るのかなあ？」

　私は、聞きました。

「………………」

　山形は、答えてくれません。そりゃそうですよね。ドライブしただけで、悩みを語るはずがありません。あきらめて、そのまま黙って運転しました。

「ああ、おれ、今日は塾の日や」

　塾が立ち並ぶ通りを走っていると、山形が言いました。

「へえ、塾に行ってるの？　サッカーだけじゃないの？」

「男は、勉強だって」

「だけど山形くんは、いつもテストの点も85を越えているし、いいんじゃないの？」

私は、思うままを言いました。

「それじゃあ、だめなんや。おれの姉ちゃんは、中学で300人中トップなんで。平均96点」

「すごいなあ……」

「父さんは、いつもおれと姉ちゃんを比べて、反対だったらいいのになって言うんや」

山形は、窓の向こうの看板を眺めました。

ポイント⑤ 自分を語ることの意味

「わかるなあ……その気持ちは」

「きょうだいが比べられるって、一番いやでな」

この出来事を話すと、班長たちが口を開きました。

山形くんの殴るという行為は悪いことです。しかし、山形は殴らずには、いられなかったのです。殴るということを通して、山形は助けを求めていたのです。子どもたちは、山形を自分と同じ悩みをもった少年として、とらえはじめたのです。

それだけで、子どもたちの接し方が変わりました。自分の悩みを語った山形も変わります。自分を語ることで、人間は自分を見つめ、乗り越え、一回り大きくなるのです。

それからしばらくして、私は山形くんのうちを訪問しました。お父さんとお母さんに彼の悩みを知ってほしかったからです。私は、ほめることとスキンシップをふやしてほしい、と頼みました。

しかし、山形くんの揺れは続きます。揺れながら、子どもは育つのです。

Ⅱ章　トラブル怪獣の正体は？

〈2〉暴力をふるう7人組

暴力を繰り返す子どもたち。その子どもたちの目の鋭さにたじろぐこともしばしばです。まずはケンカをどう止め、どう話し合わせ、そのエネルギーをどうやって活動に変えていくかを考えてみましょう。

◆子どもたちの目がこわい

　このクラスは3年から暴力、ものを壊す、いじめによる不登校など、毎日何かが起きる学年でした。担任が過労で療休に入ってしまい、代わりの先生も倒れてしまうというくらい荒れていました。その中心になっていたのがゲン、かっちゃん、嵐たちを中心とする7人グループです。
　「誰が持つのかな、あんな大変なクラス」とのん気に構えていたのですが、気がつくと、なんと私が、その4年生の担任に決まってしまいました。桜が咲いたのにも気がつかないほど暗い春休みでした。
　思っていた以上に子どもの荒れはすさまじく、教室に子どもたちがいつも何人かいない状態が続きました。エスケープしたゲンをやっとつかまえると、「ばばぁ、死ね」と足を蹴られたり、かっちゃんに、「てめぇが担任やめたら、教室へ行ってやる」と椅子を投げられたりしました。
　嵐はケンカを止めようとした私をおもいっきり押し返し、その拍子にいやというほど顔をうち、前歯がかけました。青あざだらけの足になり、ひねった腕や背中の痛みもつらかったのですが、子どもたちの私を拒否する目がこわかったのです。眠れない、食べられない、でも休めない日々でした。
　「もう一人では無理だ。子どもたちの手を借りよう」と、私は決意しました。

> **ポイント①** けんか止め隊と「再現タイム」

　ある日、朝の打ち合わせ中に「大変だ。ゲンとかっちゃんが昇降口で」と、荒海が職員室に飛びこんできました。とにかく走って現場に行くと、力丸と祥太が必死に押さえ込みをしていました。この２人は、けんかが次から次へ起こるので、「けんかを止めることのできる人、オーディション」でみごとチャンピオンに輝いたのです。この２人がケンカを止めている間に「知らせ隊」の荒海が自慢の足を使って、とにかくだれか大人に知らせるという役割分担をクラスで決めたのです。

　力丸と祥太は、ゲンとかっちゃんを引きずるようにしてやっと引き離すのですが、またいつけんかが始まるかわからないという日々。理由を聞こうとしても興奮しているときには無理なので、しばらくしてから算数教材室で力丸たちも一緒に、なぜけんかが起きたかを聞き込むことにしていました。

　けんかが起こるたびにその「再現タイム」を開いていましたが、ある日の掃除中、祥太が興奮しているゲンを一生懸命止めながら、

　「ゲン、昨日のことだろ。かっちゃんがゲンと遊びたくないからって、うそ言ったことだろ」と言いました。ゲンは、

　「そうだよ。ひどいじゃねえか。うそつく方が悪いんだよ。蹴られたっていいんだよ」と泣き出しました。

　かっちゃんに確かめると、そうだと言うので、

　「ゲン、昨日殴らなかったのは、我慢しようと思ったんだよね。えらかった。でも、掃除のことでは我慢できなくなったんだ。かっちゃん、うそついたことはあやまりな。次にどうしてゲンと遊ぶのがいやだったか、言いな」

　と言うと、かっちゃんがゲンに、ゲームソフトの貸し借りについてのトラブルがいやだったことを言い始めました。

　いままで自分が悪くてもがんとしてあやまらなかったゲンが、

　「ソフトはすぐ返すし、蹴ったことはごめん」

　と、はじめてあやまったのです。

　暴力を使ってでも訴えたい思いがある、その思いを相手に言葉で伝えられないから暴力を使うしかないのでしょう。しかし、ゲンの思いを祥太がわかっ

てくれたことが、かたくななゲンの心をとかしていったように思いました。

ポイント② ゲンの気持ちを当ててみよう

　ゲンとかっちゃんがまたまたトラぶり、キレて掃除用具をばらまいた時、「ゲンの気持ちを当ててみよう」と、私は子どもたちに言いました。良いか悪いかの話し合いでは話し合う前に結論が出ています。それより、どうしてゲンはそんなことをしなければならなかったかにせまったほうが、みんなの気持ちがゲンに通じると思ったのです。

　荒海「ゲンは掃除がきらいなのはホント。おれもきらいだからわかる。でもやろうとしても、みんなにぞうきん貸してもらえなかったからキレた」

　時夫「ゲンはおそく来たからぞうきんしかなくて、ぞうきん貸してって力丸に言ったけど、遅く来るやつが悪いって言われてた。いらついたので、かっちゃんに当たったと思うな」

　カズ「ゲンがほうき貸してって言ったけど、かっちゃんはほうきの係だったからいやだと言ったら、ゲンが急にモップを投げてきて、喧嘩になったよ」

こんなやりとりから、掃除の分担を早い者勝ちではなく分担することと、時間に遅れないで来ることが確認されたのです。また、ぞうきんは班ごとに掃除リーダーが、大きな洗濯ばさみではさんで管理すること。そして、なくした人のために予備のぞうきんも用意することになったのです。
　みんなで話し合うことが、クラスが抱えている問題を浮き彫りにし、暴力ではない解決策をどうしようと、知恵を出し合う子どもたちの関係に変えていくのです。ゲンに迷惑をかけられている子も、ゲンと同じ思いの子も、ゲンが暴力をふるってでも言いたかったことをわかろうとする中で、本当は自分も今のやり方はいやだと思っていたり、みんなと一緒にやりたいけど、冷たくされて悲しかったりという「ゲンの中にいる自分」と対話しているのかもしれません。
　そんなことを繰り返しているうちに「いやし隊」が誕生しました。暴力を振るわれてもただ黙っているだけだった子どもたちが、その時には言えなくても後からでも「大丈夫」と声をかけるようになったのです。思っていることを表現しようということを、子どもたちはやり始めました。

ポイント③　暴力をふるった子どもの「わけ」を聞き出す

　フルーツバスケットの時、シオンの首にゲンがおもちゃのナイフを突きつけ、泣かせるということが起こりました。私に怒られると思って、椅子を蹴り上げているゲンに、
「ゲンがわけもなく、そんな悪いことをするはずがない」
と言ってみました。するとゲンの体がびくっとして動きが止まり、私の目を見ました。その目はあの「眼光が鋭い目」ではありません。するとゲンは自分の言葉でそのわけを話し始めたのです。最後は涙声になりながら。
「わけはわかった。でも、そんなに正しい理由だったのに、ナイフでおどしたのでだいなしさ。もったいない。おどしたことはあやまれる？」
と、私が言うと「うん」とゲンは小さくうなずきました。
　子どもたちは、よいか悪いかの「裁き」を望んでいるのでなく、その「わけ・理由」を聞いてくれることを望んでいるのです。

◆「ぼくは殴りたくない。でもとめられないんだ」

　ヒロシは「おめぇが悪いんだろ。消えろ。死ね。ババァ」と私を蹴り続けます。けんかをとめたら、こっちにとばっちりです。何とか算数教材室に連れて行きましたが、連日のトラブルに疲れ果てていた私は、蹴られるままにしておきました。
　「おめぇが……」と言いながら、ヒロシの目はうつろで、私を見てはいません。どうしたのかなと思っていると、ヒロシは突然、
　「父さんと母さんが離婚した〜」
と叫び、大声で泣き始めました。
　「父さんが母さんをずっと殴ったり蹴ったりするんだ。父さんが夜ご飯の時、酒飲んで怒り出すと、ぼくと姉ちゃんはすぐ布団にもぐる。父さんにやられるから。母さんは声を出さないようにしてる。団地だから。だから僕もだれにも言わなかった……。でも、音がするんだ。母さんが蹴られてどこかにぶつかる音とか。音がとまって終わるかなと思うと、また音がする。ぼく、殴りたくないんだ。でも、一度殴るととまらなくなる。ぼくがぼくをとめられないんだ」
と、ヒロシは泣き続けました。
　ヒロシは、ランドセルにほとんど何も入れないで学校に来ます。しかしこんなに重い事実を背負って学校に来ていたなんて、私は少しも知りませんでした。ヒロシがいとおしくて泣きました。自分の無力さが情けなくて泣きました。言葉はなにも出ず、「つらかったね」と言ってヒロシを抱き、2人でただ泣いていました。
　やさしかった父がリストラにあってから変わってしまったという事実を知り、ヒロシも、そして父も母も今の社会の犠牲者であることに、涙は怒りに変わっていきました。
　ヒロシは心の重荷をおろしたかのようにエスケープをしなくなり、授業妨害もしなくなりました。みんなとふざけっこをして笑い転げるヒロシは「おわらいクラブ」に入り、「1日1回みんなを笑わせるコーナー」を担当しています。

Ⅱ章　トラブル怪獣の正体は？

〈3〉ひとりぼっちで孤独な子

> みんなからバカにされ、一人ぼっちの孤独な子どもがいました。どうしたら、彼に友だちの良さや人間のぬくもりを伝えられるんだろうと、悩みました。さびしそうな目をする子ども。放ってはおけません。

ポイント①　これ以上レッテルを貼らせない

「先生、ちょっと……」

ちょっとと言われて、いい話をされたことはありません。今回もそうでした。

「先生のクラスにいるワキベですが、4年のとき、なんども万引きをしました。しかも欠席も多いようです。ひとつよろしく……」

「なにがよろしく、か……」

生徒指導の担当を見送りながら、つぶやきました。

教室に行くと、ワキベは欠席です。

「どうせ、ズル休みやろ。4年のときもそうやった。いつも先生に叱られていたなあ」

誰かが言いました。

私は、しばらくワキベを叱らないと決めました。そして、ワキベの情報を集めることにしました。私が叱ることは、よりワキベにレッテルを貼ることになると考えたからです。

ポイント②　背景を推理する

ワキベは、ネコと暮らしていました。二間つづきの狭いアパートに兄と母

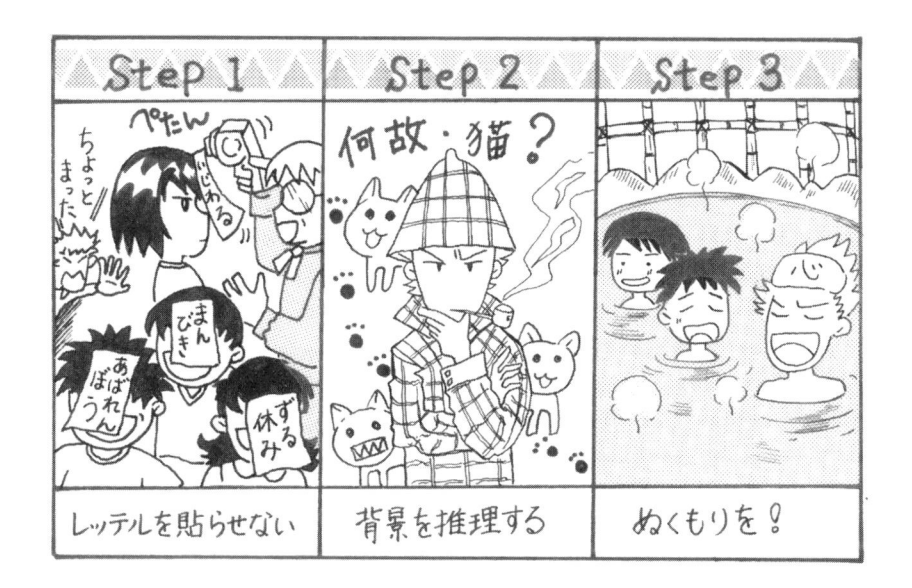

の3人。押入れに4匹の子ネコ。そして、障子のさんを遊園地がわりにしたネコが3匹いました。私は、そのネコを数えながら、

　（彼にとってネコは、いったいなんだろう……）

　と、思いました。そして、ここまで追い込んだのは、私たち学校や大人のせいかもしれない、と思いました。しかし、ワキベにどう取り組んだら友だちができるのでしょうか。

ポイント③　ぬくもりを伝えるために行動を

　ワキベには、11本も虫歯がありました。治療に行くように言っても行きません。保険証がないようです。私は、クラスの子どものお父さんが歯科医をしていることを聞いて、そこへ連れて行くことにしました。

　ワキベの治療は、1時間以上かかりました。治療が終わると、歯医者の先生が一緒についてきて、

　「しばらくかかりますので、連れて来てください」

　と、言われました。私は財布に手をやりながら、

　「あの……おいくらですか？」と、たずねました。

　「いいえ、お金はけっこうです」

　「ええっ？」

「事情は聞いています。治療代は私のほうで負担しますから、続けて治療を受けさせてください」

私は、このことを母親に伝えたいと思いました。孤独な子どもの親も、また孤独なのです。人のぬくもりにふれたいのは、大人も同じです。でも、誤解されても困ります。

「出すぎたことをしました」

私はまず謝り、このやり取りを話しました。すると母親は、はじめて「お世話になります」と、頭を下げました。

私は、担任として受け入れられたんだな、とうれしくなりました。

ポイント④　通訳できる子どもをつくる

みなさんなら、ここからどう取り組みますか。私は、

「5日間、遅刻しないで来たら、何でも好きなものを買ってあげるよ」

と、誘いかけました。欠席を減らしたいのです。学校に来ないことには何も生まれません。さらに友だちになれそうな本母(ほんぼ)を呼んで、

「きみは、家が近いから応援してくれよ」と、頼みました。

なんとワキベは、5日間遅刻ゼロを達成しました。さっそくご褒美です。何を買ってほしいと言ったと思いますか？　筆箱です。筆箱がなかったので

す。教室に戻ってきた彼は、その筆箱にティッシュを敷き、机の中に入れました。
「あれ、どうして持って帰らないの？」
私は、不思議に思いました。
「えっ、大切だから……」
どういうことか、わかりません。だって、この筆箱をワキベが家に持って帰り、それを見つけた母親が「どうしたの？」って聞くでしょう。そこで、「先生が買ってくれた」とワキベが答えることで、「やっぱり、こんどの先生はひと味ちがうわ」と、母親に思ってほしかったのです。
でも、持って帰らないとなれば、話は変わります。
「持って帰れんのや。たぶん……中学生の兄ちゃんがいるやろ。その兄ちゃんが荒れていて、取られるんじゃないの」
本母が解説すると、ワキベはうなずきました。
ワキベの抱えている事情の一端がわかったような気がしました。それを語ってくれたのは本母くんです。わずか5日間、かかわってくれたことがきっかけでした。抱えている事情を通訳し、共有する。見えないことの中にある真実を探すのです。

ポイント⑤ 「淋しいのは、おまえひとりじゃない」を伝える

電車に乗って見学遠足に行ったときの帰りでした。私は、ひとつのボックスにワキベと本母、それに影虎とハルちゃんを座らせました。
「ねえ、ハルちゃんも影虎も、お父さんがいないけど、家の手伝いもしてしっかり生きているよなあ」
私は話を向けました。
「だって、そうしないと暮らしていけないんだ」
2人が、打ち合わせどおりに言いました。
「なあ、ワキベ。父さんがいないのは、おまえだけじゃないんだぞ。先生のことを父さんと思っていいから、だから……」
と、言いかけたときでした。ワキベが、きっとにらみました。そして、
「父さんなんか、いらん。父さんは、おれたちを殺そうとしたんや。バッ

トで殴ろうと追いかけてきたんや」

と言うと、にらんでいた目をそらしました。

「親なんか、あてにするからよ」

ハルちゃんがポツリと、つぶやきました。

「大人に振りまわされるのは、いつも子どもや」

影虎が言いました。予想外の展開に、私は子どもたちの深い現実を知りました。

ポイント⑥ 弱い子の味方になる

それから2週間後、突然、ワキベが転校することになりました。いよいよ最後の日、お別れ会を企画しました。会の中心は、本母と電車以来、仲良しになった影虎です。2人が代表してお別れの言葉を言うときです。

「ワキベが転校するのは、淋しい。せっかく仲良しになれたのに、ぼくは残念だ。学校を変わってもあんまり遅刻するなよ」

本母が泣きながら言いました。

「ぼくも一度でいいから、ワキベをうちに招待したかった。遊びに行ったり、来てもらったり一度もしないまま別れるのは悲しい」

影虎が顔を覆いました。私はワキベに、どうしてもひとこと言ってほしいと頼みました。ワキベは、

「ぼくは、はじめて友だちができました」

そう言うと、泣き崩れました。そして、再び立ち上がり、

「いままではネコが友だちだったけど、はじめて人間の友だちができた」

と、付け加えたのです。多くの子どもたちが泣きました。泣くほどに優しい雰囲気に包まれました。涙は人を優しくするようでした。

人はいろいろな事情を背負っています。そのせいで荒れたり、閉じこもったりするのです。そういう子どもたちに「きみはひとりじゃない」ことを伝えたいですね。弱い子の味方になる、教師の仕事です。

Ⅱ章　トラブル怪獣の正体は？

⟨4⟩ 荒れる女子グループ

「うざい」と言って授業ボイコットし、無視やいじめを繰り返す女子グループ。アイドルネタで彼女らとつながり、追っかけクラブの問題をクラスで話し合う中で少し変わってきました。「女王様たちの教室」をどう変身させるかが課題でした。

◆教師なんてやめようと思っていた私

「うざい」「死ね、おばさん」「はぁ～ん」で生活している女子。5年のとき学級崩壊していた6年生で、「手をあげない、働かない、無視をする」という三拍子揃っているクラスでした。

　私が話しかけても「はぁ～ん」といやな顔をしてにらみつけるか、バカにした笑いが返ってくるだけ。授業中指名しても無視、「自分で答えりゃあ、いいじゃん」と可奈。体育のとき、着替えないので注意すると、

「あぁん。いま着替えようと思ってたけど、あんたが注意したからや・め・た！」と美紀。ほかに5人の女子もすわりこんで、マンガを読んで笑いこけ、もう私の言うことはきかないのです。

　掃除をしないので、そのことを言うと、

「ぞうきん盗まれた。泥棒がいるクラスをどうにかしてからにするんだね」

と芽里。笑う6人の女子。

　あるときは珍しく美紀から寄ってきて、

「先生、いいこと教えてやる。先生のこと、おばさんたちはなんて言ってるか教えてやる。自分ではいい教師って思ってるかもしれないけど、ひいきする教師って言われてる。できない子ばっかり話したり、電話かけて。卒業

式のとき、おしゃべりばっかりしててうるさかったって」と言い、「まぁ、がんばって」と笑いながら去って行きました。

私は言葉もなく立ち尽くしていました。私は「ダメな教師と思われている……」という言葉が頭の中をぐるぐる回っていたのです。

卒業式では、児童会担当の私は席につくこともなく走り回っていました。それに、もどす子どもが一人、倒れる子どもが３人出て、保健室に行ったり、その後始末をしたりして、しゃべっている時間などありませんでした。

冷静になればきちんと反論できたのに……美紀の言葉に動転してしまった私は、その「うわさ」にすっかり打ちのめされてしまいました。

空教室にたまったほこりに書かれた「しのざきしね」の文字、飛んでくる牛乳パック、授業も集中しなくなり、ドアは何度も蹴られ、はずれました。

もう彼女たちに関わることが怖くて、何が起きても注意できなくなり、黙って片付けている自分がみじめでした。何か物音がすると、今度は何が起こるかビクビクしていました。

そんな中、唯一の救いは大地を中心とする気のいい男子たちが、私と一緒に掃除をしてくれていることです。給食を食べられてしまった私に、真美は「先生」と、そっと自分のパンを半分渡してくれたこともありました。わずかな人のぬくもりが、私をかろうじて支えていた４月の終わり、この子たちのためにも、やるだけやってだめだったら"敗北宣言"をしようと、私は決心しました。

ポイント① 私が変わろう、心に決めた４カ条

美紀たち女子グループを今すぐ変えることはできない、それなら私が変わろう、まずはできることからやってみようと思いました。

1）「だめもと」失敗してもめげない。もともとできていないのだから。いやになったら我慢しないでいやだと、口にしてみる。ひとりごとでもいい。でもできたらだれかに言う。メールでもＯＫ。「グチメル友」をつくっておく。

2）無視、いじめ、批判、うわさetc。どんな行動の裏にもメッセージが隠れている。ヘルプかも知れない。形の変わった対話のチャンスだと

グチメール🎵電話	自分を元気にする方法	行動の嵐を起こす
もう聞いて!!		次はドッジボール大会よ わおう 保護者🎵職場の力を借りまくる!
ヘルプかもしれない…		
ふん／掃除してね		ありがとう／ここはまかせて

　　　思い、頭から否定しない。すぐ対応できなくっても、いつかくるチャンスのために心に刻んでおく。
 3）行動の嵐を巻き起こす。荒れる、無視、拒否する間を与えないくらい活動を組む。授業もわかって楽しい授業を。前向きな活動の連続がいまの子どもたちの関係を変えていく。
 4）子どもの声を聞く。困ったらみんなで考え合う、話し合う。子どもの力、保護者の力、職場の力を借りまくる。

　ある日の掃除の時間。とても忙しく、通りかかった人に「そこ拭いて」と言うと、「はぁ～ん、あんたがやれば」と言う声。美紀だ。続いて七菜が「あたしたち手がよごれるから、イ・ヤ・ダ」とにらみつけて言いました。「だめだ～、いちばん言ってはならない人に言ってしまった」と後悔し、すごすごと退散しようと思いました。
　でもせっかく美紀たちが答えてくれたんだからと、気を取り戻し、
　「あんたたち、いやなことはいやだって言えるんだ。えらい。では、栄誉を讃え、手が汚れても平気なおばさんが拭いてあげます」
　と言ってみました。彼女たちは「やってろ」と言い残し、その場を立ち去りました。「勝てないが負けない」この気持ちなら何とか彼女たちとやっていけるかもしれないと、そのとき思いました。(後日、そのときのことを聞くと、

私が拭いていたことに本当はちょっとびっくりしたと、話していました。)

> **ポイント②** 一人ひとりとつながる──手紙、おしゃべりノート

一人ひとりの良いところや、うれしかったことのお礼も書き、桜の花の下で班ごとに撮った写真も封筒に入れました。

「何かあってもなくても、何でも教えてね。やりたいこと、困っていること、何でも書いてね」

と、新しいノートを渡しました。それが「おしゃべりノート」です。

「このノートに書いてあることは絶対、だれにも話しません。だから教室ではこのノートは見ません」と言って渡しました。

意外や意外、美紀たちグループは全員、このノートに丸文字や絵文字を使ってかわいいおしゃべりを書いてきました。

「修二と彰って何?」と私が聞くと、美紀たちは「なに〜、知らないの? 恥ずかしいよ。『野ブタ』のテーマ歌っていた……」と説明しまくり状態に。放課後はORANGE　RANGE、コブクロ、ＮＥＷＳだとかの話に盛り上がる毎日になりました。しかし授業中は、もとの能面仮面に戻る彼女たちですが……。

> **ポイント③** みんなで考える──ラブラブ作戦

美紀たちは「おっかけクラブ」という学級内クラブをつくりました。テレビに出ている3組のかっこいい男の子を追っかけるというクラブです。

放課後、大地が「美紀たちに頭きてるッス。やっつけたいッス」と言いに来ました。「やめときな。ひとりでは討ち死にするから」と私が言うと、大地は不服そうでしたが、「赤いスタンプ貸して」というナゾの言葉を残して帰って行きました。

そして、ある日の帰りの会で大地が手をあげ、一気に、

「おっかけクラブの人に言います。男子トイレまで追っかけて来るのはやめてください」と言いました。

シ〜ンと静まり返る教室。案の定、美紀に目で指示された芽里が、

「ええ〜、クラブって何してもいいんじゃないですか。ほかのクラスの男

子のことなんだから、いちいち言わないでくれる」
　そう言って、大地をにらみつけました。美紀も、
「みんな追いかけるのが楽しくってやってるんです。大地は自分がもてないからってひがんでるんじゃない」
　と、続けて発言しました。それに答え、大地が、
「自分たちだけ楽しければいいんですか。トイレはやめてください」
　と発言すると、静かな教室にパラパラと小さな拍手が起きました。拍手はすぐやんで、誰がしたのかはわかりません。
　つづいて山樹とかめちゃんも手をあげて意見を言いました。今度はもう少し大きい拍手です。いままで「女王様たちの教室」でだれも美紀たちに歯向かう者はいなかったのですが、あきらかに黙って耐えていた者たちの「乱」です。しかし、私はここで迷いました。このままでいくと、大地たちの意見が正しいことになるかもしれません。しかし、おっかけクラブをつぶしたら、美紀たちはメンツをつぶされた腹いせに、さらにいじめをパワーアップする可能性もあります。不満を抱え、きっと美紀たちはもっと反発してくるでしょう。
　しかし、ふるえる思いをして（５年のとき、美紀たちに意見を言った者はことごとくいじめにあい、不登校になっている好子もいる）発言している大地たちに

敗北感を味合わせるわけにはいかない。私は思い切って手を挙げました。
「どんなおっかけクラブだったらいいですか？」
その問いかけに答え、子どもたちは次々と発言し、次のような決まりがつくられました。
　１）小学生は追っかけない。→テレビのアイドルだけにする。
　２）授業が始まったらクラブの活動はやめる。
　せっかく美紀たちも発言してくれたので、「どんな子が好きですか」という討論会をしてみました。ほとんど全員発言して盛り上がりました。美紀も、好きな友也がどんなふうに発言するか「耳ジャンボ」で聞いていました。
　話し合いが終わった後、大地は連絡帳に書かれた男子の名前と、その下に押された赤いスタンプでついた親指を見せてくれました。そこには「おれが意見を言ったとき、し〜んとしないでください」と書かれていました。
　「先生がひとりじゃ無理って言って、会議のときどうするか話してくれたから」と大地は言いました。少しクラスが動き始めたように感じました。

ポイント④　グループの中でまっすぐに向き合って話す

　隣のクラスの舞子に呼び出され、「先生のクラスの七菜がまちがったことをしてる、ちゃんと指導するように」と、がんがん攻められました。
　舞子は５年の時、美紀と芽里と七菜と同じクラスで、舞子が仕切る女子グループは、親を巻き込んで担任拒否を組織できるほど影響力を持っていました。学年の女子を束ねる「裏のリーダー」でもある舞子には、だれも刃向かうことはできません。担任の態度が気に入らないと、校長室に担任変えろと直談判に行ったり、教育委員会に訴えたりしましたが、舞子は決して表には出ず、証拠も残しません。
　５年の時は美紀たち３人は舞子のグループでした。徹底的に面倒をみるけれど、いったん自分に刃向かうそぶりを見せたり、グループの掟をやぶろうとすると手のひらを返し、手下の子を使って徹底的に陰湿ないじめを繰り返します。クラスは変わっても依然、舞子は学年の女子を仕切っているのです。このままでは舞子の指示を受けた美紀たちは、七菜に制裁を加えかねません。
　私は思い切って、このことで緊急の学年会を開いてもらう一方、美紀たち

と話をすることにしました。場所は、ソファもあり、ゆったり話ができる相談室。どんな話が出ても、まずは聞こうと心に決めて、美紀たち6人全員を呼びました。

　美紀「人の方見て悪口言うのやめてくれる」
　芽里「そうだよ。自分が悪いくせに」
　七菜「私のどこが悪いっていうの。言って」（泣き出す）
　芽里「そうやってめそめそしてさ、こっちがいじめてるみたいだろ。それがむかつくんだよ。迷惑してるのはこっちなんだからね」
　七菜「好きで泣いてるんじゃない。話しかけても無視するし、だれかと話そうとしても連れてっちゃうし……」

　よくよく聞いてみると、トラブルの発端は、料理クラブのとき使った生クリームのお金を、七菜が一度はいらないと言ったのに、あとで払ってほしいと言ったという、ささいな出来事でした。

　たかが「生クリームひとつのことで……」と思いましたが、無視や陰口は案外、こんな小さなことがきっかけなのかもしれません。自分がいやだと思うことを、相手に直接言えない。しかし、不満はたまるので友達に話す。その悪循環のような気がします。

　私だってそういうことはあるのでよくわかります。でもだからこそ彼女た

ちには、きちんと向き合って互いの思いを言い合うことが問題解決の方法としてあるということを知ってもらいたいと思いました。

そこで、私は「レディース７」結成の話をしてみました。美紀たちと私を入れた７人の会、向き合うための会です。そして、次のことを「掟」として決めました。

- 陰口や無視をする前に直接話し合う。
- クラスのことはまずクラスで話し合う。解決するまで他のクラスの人には話さない。

教室のトトロが後ろ向きになっていたら話をしたいという合図で、相談室か、体育館の裏庭に集まることも決めました。

彼女たちはそれまで、おしゃべりノートに面々と「無視された」とか、「陰口言われてる」などと書いてきていました。それに対して毎回、私の考えを書き続けてきたこと。また、小さなトラブルが起きるたびに、とにかく話し合うことを続けてきていました。話し合うことで、前向きになれるという体験が、「レディース７」をつくらせたと思えます。

ポイント⑤　いじめ問題で自分を見つめる

「おめぇがいけないんだよ。子どもの問題にいちいち口だすから」

木南子が大泣きし、椅子や机を投げてきました。手当たり次第にものを投げ、私を蹴り倒しにきました。何が起こったのか理解できない私は、とにかく事情を聞こうと、私より大柄な木南子を引きずるようにして、やっと保健室まで連れて行きました。木南子も６人グループの一人です。

「いじめられてるんだよ。いやだよ。こわいよ。車の来るほうに押されたり、無視したり噂したり……」

私は、彼女の頭をなで、涙をバスタオルで拭くことしかできませんでした。と、突然、好子がつかつかとそばに来て言いました。

「私もいじめられていた……」

やっと保健室まで登校できるようになった好子ですが、クラスにいじめがあるとわかってまた学校に来られなくなるかと、ドキンとして好子の顔を見ました。好子は、自分が舞子たちにいじめられていたことをつぶさに語り始

めました。私は迷っていました。クラスにいじめがあることを放って置くわけにはいかない。このままにしておいたら、せっかく勇気を出して話してくれた木南子と好子を守ることができません。

- ■先生にチクッたと、木南子と好子がいじめられることから守ることがまず大事。
- ■いじめがどんな傷を残すのかをまわりの子どもたちに知らせる。
- ■いじめっ子もほとんどいじめられた経験がある。

以上のことをふまえて、次のプログラムを立ててみました。

【1日目】
- 「やがて……春」（中山節夫監督、竹内常一監修）のビデオを見る。
- 感想をテストのときの机の並べ方にして、無記名で書く。

【2日目】
- 感想をだれが書いたかわからないようにパソコンで打ち直し、読み合う。
- ビデオの主人公はなぜいじめられたのか、どうしていじめは続いたのか、いじめをしていた人の気持ち（理由）は何かを話し合う。
- いじめをとりあげた本、新聞記事、投書を読み合う。
- 自殺した子どもの遺書を読む。
- 今日の感想を書く。

【3日目】
- 感想を印刷し、読み上げる。
- いじめっ子、いじめられっ子、見ている子の三役を3人グループで、それぞれ交替してやる。
- 本音ディベート「いじめられたら、あなたはどうするか」
　　教室にテープを2本張り、いじめを見たら「とめる」「とめない」「迷う」という場所に分かれて、意見を言い合う。話し合いの途中、何回か移動タイムをとり、考えが変わったら場所を移る。

3日目には、いじめられていたという体験が幼稚園までさかのぼって出され、美紀も自分がいじめられていたことを話し始めました。

「本音ディベート」では、結果的には「迷う」が多かったのですが、子どもたちの多くが「とめたいけど、勇気がなくてどうしようか迷いに迷ってい

る」とか、「だれか一人がとめたら続けて言える」といった「迷い」の実態を全体で共有できました。

　学級会で木南子へのいじめを直接取り上げたわけではありませんが、いじめはなくなりました。七菜はいったん家に帰ってから、

「美紀ちゃんに命令されて木南子をいじめたけど、やんないと今度は自分がやられると思ってね。でもやったあと気分が悪かった。木南子にあやまった。うちね、はっきりいやだって、まだ言えないかもしれないけど、聞いたフリしてやんないことはできるかもしれない。それとそういうとき、他の人にどうするって聞いてみる。いじめ、やりたくありません」

と、涙をぽろぽろ流しながら言いに来ました。

◆「いのちなんだぜ、ゆるせねぇ」美紀のこころの叫び

　それはもう木枯らしが吹く寒い朝のことでした。門の所で美紀が立っていました。私を見ると、ぽいとおしゃべりノートを投げつけ、どこかに行ってしまいました。あわててノートを開くと、そこには美紀の姉のことが書いてありました。2人目の子どもを妊娠中で、8カ月だということは前に美紀から聞いていました。その姉が夕べ、同棲中の男に暴力を受け、出血してしまい、救急車で入院したことが続けて書いてありました。

　姉はおなかの子どもを必死で守ろうとして、ひどいケガを負ったこと、男の人は今もどこかに行ってしまっていること、姉が一晩中泣いていたことなど、美紀はしっかりとした字で書いていました。

　さらにノートをめくると、そこには見開きいっぱいに、

「いのちなんだぜ——ゆるせねぇ——」

と書きなぐってありました。ところどころ字がにじんでいます。きっと美紀の涙でしょう。

　私はあわてて美紀を捜しました。美紀はいつも「レディース7」が話し合いをする体育館の裏庭にぽつんと立っていました。私を見ると、「わぁー」と声をあげて泣き出しました。私も、美紀の悲しみの深さを思い、ただただ涙があふれ、美紀の肩を抱き抱えて、ずっと泣いていました。

　ひとしきり泣いた後、美紀が私を見て、

「赤ちゃん、大丈夫だって」
と言って涙をぬぐいました。つい先日、「みんな大切な命」という「生と性」の学習で、地域の助産婦さん（保護者）が水中出産のビデオを見せてくれました。最初はざわついていた子どもたちでしたが、赤ちゃんが子宮口からぬるっと出てきて、羊水と同じ温度のプールの中で必死に泳ぐ姿が何とも言えず感動的で、理屈ぬきに「生きる」ということを感じました。その学習をして、まもなくの事件でした。美紀は今度は、涙をこらえるように、
「先生はもう知っていると思うけど、母さん、4年生の運動会の日、お弁当を残して男の人と消えたんだ。前にもそういうことがあったから、また戻って来ると思っていたけど、今度はだめらしい。先生も5歳のとき、お父さんとお母さんと離婚したって言ってたでしょ。同じだね。でも、お母さんのこと好きなんだ。先生は？」
と、はじめて自分の気持ちを語り始めました。
　小6の子どもが背負うには、あまりにもつらい人生の重荷です。美紀は必死に、自分を強く見せるためにツッパッていたことに、私ははじめて気づくのです。それもやっと1月になって……。
　3月、卒業の日。美紀は姉と徹夜して、かわいい布で袋を作り、父さんの商売もののチョコを詰めて、みんなに渡してくれました。あみものクラブが全員でミトンと帽子を編み、生まれてきた赤ちゃんとお姉さんにクラスみんなで寄せ書きをして届けた、そのお礼ということでした。
　手紙にはこう書かれていました。
「……この子の誕生を喜んでくれる人は少ないと思っていました。でもこの子が大きくなったとき、6の2のみなさんが『おめでとう！』と言ってくれたことを話してあげようと思います。
ありがとう！」
　美紀たちは、いつもより早く桜が咲きそうな4月、それぞれの中学校に進学して行きました。

Ⅱ章　トラブル怪獣の正体は？

〈5〉教室から飛び出す子

> いつも体のどこかが動いていて、何度注意しても手いたずらをし続ける子。いつの間にか教室を飛び出し探しまわらないといけない子。トラブルを繰り返す子どもたちは、どのクラスにもいると言われている軽度発達障害の子どもたちかもしれません。

ポイント①　同僚へのヘルプと、自習対策

　授業をしていると、いつの間にか教室を抜け出してしまう勘助。やっと見つけ、泣き叫ぶ勘助を「安寿と厨子王」の人買いのように、教室まで引きずって来る毎日。やっと教室に連れてきてもけんかが起きていたり、他の子どもがエスケープしていたりと、モグラたたき状態の日々でした。

　最初は子どもたちも一緒に勘助を捜していたのですが、一日に何回も飛び出すので班ごとに捜索に行く順番を決めたり、課題が早く終わっている子どもたちが一緒に捜しに行っていました。

　しかし、やはり自習が多くなってしまいます。学習の進度や、待っている間に起こる教室でのトラブルも心配になりました。

　そこで教室を安全にと、わたしが勘助を捜している間、他の子どもたちは、「自分の勉強」をすることにしました。自分の勉強とは、

　①自由帳、②迷路、③文具遊び、④宿題、⑤読書のどれか好きなものを子どもたちが選び、席を立たないでやっているというものです。

　同時に、勘助が飛び出すと、私から職員室へヘルプ。携帯を入れて、級外の先生に捜してもらうか、教室に来てもらうようにしました。

> ポイント②　子どもの世界で遊んでみる

　ＡＤＨＤと自閉症をあわせ持つ風太もそんな子の１人。あっという間に教室を抜け出し、"旅"に出てしまいます。どこからもってきたか、赤い防災ずきんをかぶり、女の子の洋服を着て、足にはきっとお客さんのものを失敬したと思われるヒールの高い靴を履き、「うぉ〜」となにやら叫びながら逃げて行く毎日でした。

　毎日２万歩を超える風太の"旅"に付き合うのはほとほと身にこたえます。やっと捕まえても「鬼女め」と言いながら、つばを吐かれたり、噛みつかれたり、蹴られたり、その逆襲にひるんでいるうちに、また逃げられてしまうのです。

　そんなことの繰り返しが続いていたある日、疲れ切っていた私は、風太の姿が遠くに見えたのですが、へなへなとすわりこんでしまいました。

　すると、なにやら叫ぶ風太。

　「この桜ふぶきが目に入らぬか！」

　と、片肌を脱ぎ出したのです。「ジャジャーン！」と時代劇「遠山の金さん」のテーマ曲が鳴りました。ナゾがとけました。風太は"遠山の金さん"だったのです。風太は時代劇の中を旅していたのです。ナゾが解けたらこっちのものです。

「お奉行様とは気づかず、大変失礼つかまつった」
と言いながら、私は「ははぁー」とひざまずきました。風太は、
「わかればよいよい。ちこうよれ」
と、手招きをしています。そして、
「シメ（姫）、ついてまいれ」
と、ひまわり城（クラス）へ帰って行ったのです。

風太の世界に足を踏み入れた私は「姫」であり、風太の世界を邪魔するものは「鬼女」なのです。時代劇の世界にどっぷりはまることにしました。
悪役代官役には教頭先生。
「ぼくに悪役はできるかな」と言うので、
「大丈夫。そのままで」とお願いし、時代劇の世界へ。
そうすると、いままで一人で風太を捜していたのが一変しました。悪代官や越後屋、そして保健室の「町娘」まで登場。いろいろなところでいろいろな人たちが風太に注目してくれるようになり、悪代官に引っ捕らえられてきたり、越後屋にすりすりしたり、町娘に手をつながれ、にこにこして帰ってきたりするのです。

ポイント③ やりたくてやってるんじゃない

高機能自閉症ではないかと言われているリクは、いつも困り顔でうろうろしています。声だけでは、私が何を指示しているのかがわからないのです。席には着かず、寝ころんだり、友達にチョッカイを出して叱られ、へこむという繰り返しが「どうせ、おれなんか」という気持ちにし、ますます彼は荒れ、「クソババー、教育委員会に訴えてやる」とコンパスを振り回したりします。

そんな彼が、遠足で動物園に行く道で、私と手をつないでいたときのことです。
「ママが言った"パラサイト"って何？」
と聞いてきました。パラサイトの意味を簡単に説明すると、
「ぼくと、きいちゃんと、たかしは3組のパラサイト？」
と思いがけない言葉。その目はとても悲しそうでした。きいちゃんは自閉

症、たかしは衝動的に人を叩きます。私が3人を注意してばかりいたので、リクはそう思ったのでしょう。苦い言葉でした。

リクの悲しそうな目から、彼はやりたくて席を立ったり、暴力をふるうのではないのだ、「とめられないのだ」ということを痛いほど感じました。

リクを叱る前に、私が変わらなければ、とその時、強く思ったのです。そして、授業改善を真剣に始めました。

> ポイント④ 席を立つことを前提に授業を組み立てる

- ■ わかりやすい指示を出す。
- ・短い指示→1回に1つ。順番をつけて板書する。
- ・目で見てわかる指示→実物、カード、実際にやってみる（モデル）
- ■ 授業や生活の流れをパターン化。見通しを持たせ、終わりをはっきりさせる。
- ■ 授業の中に「動き」を入れ、15分程度で区切りをつける。
- ・自分の課題が終わったら、やってよいものを決めておくと励みになる。
- ・配り係やお手紙係など、公然と席を立てるものを用意する。
- ■ 今日やるものを提示し（かごにプリントやドリル、教材などを入れ）終わったら片づける。
- ■ 時間を目に見えるようにする（砂時計、タイマー、時計）。
- ■ 動きたい時のサインを決める。
- ■ 避難場所をつくる（小部屋や特別な椅子、段ボール、オルガンで囲いなど）。
- ・目標が達成できたら大いにほめる。
- ・もし教室を出ようとしたら「上履きをはいて、出てね」とか、「20分たったら帰って来てね」など条件をつける。

おまけのコラム

勉強を捨てている子の見えない叫び

「さあ、国語の本を出そう。ねえねえ、本を出そうよ」

私は、言いました。ところが、カネゴンは本もノートも出しません。

新しい学期が始まってすぐです。大きな声で怒鳴るわけにはいきません。まわりの子どもたちにも私の優しさが伝わるように「本を出そうよ」と、再び優しく言いました。けれどカネゴンは、

「勉強なんかどうでもいい。勉強なんか、どうでもいいんや」

吐き捨てるように言いました。まわりの子どもたちは、きっと先生は叱るだろう……期待半分に聞いています。私は、大きく息を吸って、

「いっしょに本を出そうよ」

ニコッと微笑みました。心とは反対に――。

そして、カネゴンの机の中から教科書を出して開きました。

「ほら、やればできるやん」

「出したのは、おまえやんか」

カネゴンが叫びました。そうです。出したのは私です。

「本を出そうよって、先生が言っても、きみは断わらなかったじゃないか。それだけでもえらいよ」

「勉強なんか、いらんのや。関係ないんや」

カネゴンは、つっぷしてしまいました。

「うらやましいね。そこまではっきり言えて」

これは、本心です。本当に言いたいことが言えたら、大人も子どももどんなに幸せでしょうか。

「ねえねえ、王子様。本を出していただけませんか」

私は、彼のおなかをさすりながら、お願いすることにしました。

カネゴンは顔を少し上げ「だれが王子様？」と、つぶやきました。

私は、もう一度同じことを言いました。

「そういうことなら、しょうがないなあ……」

彼は王子様の顔になって、前を向きました。自分を注意するものは、みんな敵！　これです。王子様には、教師は"敵"として映っていたのでしょうか。勉強を捨てている子どもたち。それは、見捨てられてきたという見えない叫びです。

Ⅲ章　お母さんのハートをつかめ

Ⅲ章　お母さんのハートをつかめ

〈1〉はじめての懇談会

> はじめての懇談会。これほど緊張することはありません。「私」という教師を上手にプレゼンしたいところです。そこで、ひと工夫。ゲームとデジカメがあれば、いい雰囲気で終えることができます。

ポイント①　参観授業のコツ

　さて今日は、初めての参観授業と懇談会です。朝からなんだか唇が乾きます。心臓の音もなんとなくいつもより大きいような気がします。だって、3日前から、どう懇談会を進めたものか、考えていたのです。
　参観授業のスタートから工夫は始まっています。だって、そうでしょう。保護者の方たちは、どんな先生だろうかと目を凝らして見ているわけですから。ここでばっちり授業ができれば安心し、そのあとの懇談会でも、いい感想が出るはずです。そこで私は、次のことを考えていました。

1）大きな声でゆっくり子どもに話しかける。
- それだけで、元気のいい先生だと思われます。声が小さいことほど第一印象の悪いことはありません。

2）前を向いていない子には「前を向いていただけませんか」と、丁寧語で注意する。
- きちっと子どもを注意できるかどうか、それを見ている人が多いからです。その仕方は、人間を尊重するような語りかけがポイントです。

3）問題を出したら、ノートに考える時間をとる。そして、その間に子どもたちのノートを見て回る。
- うしろの子どもたちまでノートを見ながら語りかけるだけで、今度の

①大きな声でゆっくり
②丁寧語で話す（前を向いて頂けませんか）
③子どもたちを見て回る
④語りかける（もうあきた／きみって愉快だね）

　　　先生は一人ひとりに気を配ってくれているな、と感じてもらう。
４）授業中におかしなことを言った子がいたら、数秒見つめてから「きみって愉快ですね」と語りかける。
■すると参観者も含めてみんなが笑い、クラスがいいムードになる。

ポイント②　まずはゲームで笑いを取る

　保護者の方たちとは、おもにお母さん方です。このお母さんたちの視線が好きな人はいないでしょう。不気味ですよね。懇談の早い段階で、なんとか笑いを取りたいものです。それだけでムードが変わるからです。

　はじめに大きな声で自己紹介をします。こんなクラスにしたいということを簡単に話したあとで、

　「私はゲームをするのが得意です。それが子どもに受けるんですよ。それで、いまからひとつだけみなさんとやってみたいと思います」

　そんなことを言って、さっそく「ゴロゴロドッカン」というゲームを行います。このゲームは、右手のひとさし指で１をつくります。左手はワッカをつくります。そして、右手を隣の人のワッカに入れて、私のゴロゴロゴロゴロ、ゴロゴロゴロゴロという声がドッカンに変わったら、左手で相手を捕まえ、右手は逃げるというゲームです。

ゲームが始まると、お母さん方も大喜び、緊張したムードが一気に壊れます。これで少しほっとしますね。そして、
「保護者のみなさんが、お互いに知り合い仲がいいと、子どもたちも仲良しになります。学校と家庭で力をあわせ、子どもを育てましょう」
と言うことで、私の教師としての考え方も伝えます。

> **ポイント③** デジカメをテレビに映す

　さて、すぐにデジカメを取り出します。そして、出席番号順に撮った写真をテレビに映し出すのです。一番近くにいる方にデジカメの操作をお願いして、私はカードを読みます。
「一番は安藤信也さんです。安藤さんは、字を丁寧に書くことをがんばると書いています。そして、自分の良いところは○○○○○だと書いています。さて、お母さん、なんて書いていると思いますか？」
　振られたお母さんは、びっくりするでしょう。でも、ここからが盛り上がっていくんですよ。参加した方の自己紹介を兼ねながら、お母さんの人柄を探ります。なかには隣の人に、
「なんて書いてるのかしら……」

なんて、聞きながら答えます。私が、
「ご飯なら何杯でも食べることができることです」
と、読むと、
「少しはダイエットしてほしいわ」
と、ぼやきます。それがまた、笑いを誘うのです。

これだと、親は画面を見ます。私の方には視線がこないので気が楽です。親も退屈しません。

デジカメは、懇談のたびに登場します。はじめは、がんばることと自分の良いところをカードに書いてもらいました。1学期の終わりは、自分ががんばったことと夏休みの目標です。2学期の終わりには、自分が伸びたところと友だちからのコメントを用意します。

これも好評です。子ども同士の中で、わが子はどう見られているのか、仲良くやっているのか、親としては非常に関心があるからです。ですから、そのときの写真は、グループ2、3人で撮り、やはり親に振りながらコメントを読み上げます。

ポイント④　決めゼリフで終わる

さて、はじめの懇談に戻ります。一人ひとりのお母さんの反応に少しずつ和らいだ雰囲気が生まれます。
「今年のクラス、楽しくなりそうね」
「いい先生じゃないの」
家庭でこんな話をしていただければ、子どもたちの教師を見る目がもっと尊敬と信頼に満ち、私たちの指導が楽に通るようになるのです。

最後にそのことをお願いして、懇談を終えることができれば最高です。

Ⅲ章　お母さんのハートをつかめ

〈2〉親版「おしゃべりノート」

保護者と保護者を結ぶということはむずかしそうですよね。でも、まず「知り合う」ということから始めたらどうでしょう。親版「おしゃべりノート」は「パスもあり」の簡単な回覧ノートです。

ポイント①　「パスあり」でとりあえずスタート

　最初の懇談会で私は、保護者の方々に、
「同じクラスになったのも何かのご縁。みなさん同士早くお知り合いになって楽しく過ごしたいと思います」
と言って、子どもたち一人ひとりが大写しになった「自己紹介ビデオ」を流します。緊張していた懇談会の雰囲気が笑い声やうなずき合いも出てきて少しなごんだところで、班ごとにちょっと「おしゃべりタイム」。班の中でたとえもめごとがあっても、子どもと親の顔を知っておくと、話をしやすくなります。トラブルは必ず起こります。大事にならないうちに話をすると、解決が早くなります。
　さらになごやかな雰囲気になって役員も決まり、いよいよどんなクラスにしたいかの話の中で、
「子どもが仲良くするために、おうちの方にも仲良くしてほしいと思います。実はね」
と言って、前の年に家庭を回った回覧ノート「親おやおしゃべりノート」を見せます。
「書くのは大変だわと思っている方、このように、本当は教えたくない隠れた美味しいランチのお店のチラシ、感動した映画のパンフレット、気になっ

Ⅲ章　お母さんのハートをつかめ

文例ですよ！

はじめにノートに載せる文例

■このノートは、２年２組の保護者の方々の交流ノートです。回ってきたら大体１週間ほどで次の方に回したいと思いますので、よろしくお願いします。お子さんのこと、今感じていること、小さい頃の思い出、お得な情報（グルメ、映画、なんでも）、おいしいお料理やおやつの作り方、家族やペットの紹介などなど何でも結構です。気軽に書いてください。写真や新聞雑誌の切り抜きでもかまいません。
■ノートはお子さんに持たせてください。学校で次の人に渡します。
■もし、忙しくて書けない時には、そのまま持たせてください。
■お名前を書いていただいても、匿名でも仮名でもかまいません。
■もしよろしかったら、２の２の学級通信に掲載させていただきたいと思いますので、載せないでほしい方は、その旨そのページの上の方に「載せないでほしい」とお書きください。ペンネーム、匿名希望もその旨お書きください。何も書いてない場合は学級通信に掲載させていただきますので、よろしくお願いいたします。
　お忙しいとは思いますが、よろしくお願いします。（原文のまま）

た新聞記事、レンジだけでできる簡単おやつの作り方……読みたい人！」
　と言うと、「ハァーイ」と手があがります。「では、書きたい人」と言うと手はあがりません。
　「お母さん方もこのクラスの子どもと同じ正直者。では、"パスあり"というのはどうですか。忙しい時はパスしてください。ということで、『親おやおしゃべりノート』をやらせていただいてもいいですか」
　とお願いし、早速、次の日からいくつかのグループに分けたノートを子どもを通じて回し始めます。

ポイント② 「夜中の１時、洗濯機回してます」の便り

《いま洗濯機を回しながらビールを飲んでいます。夜中の１時。こんな夜中に洗濯するのは迷惑とわかっているのですが、会社の帰りに病院に寄り、家に帰って子どもに食事を作って食べさせ、片づけると、こんな時間になっ

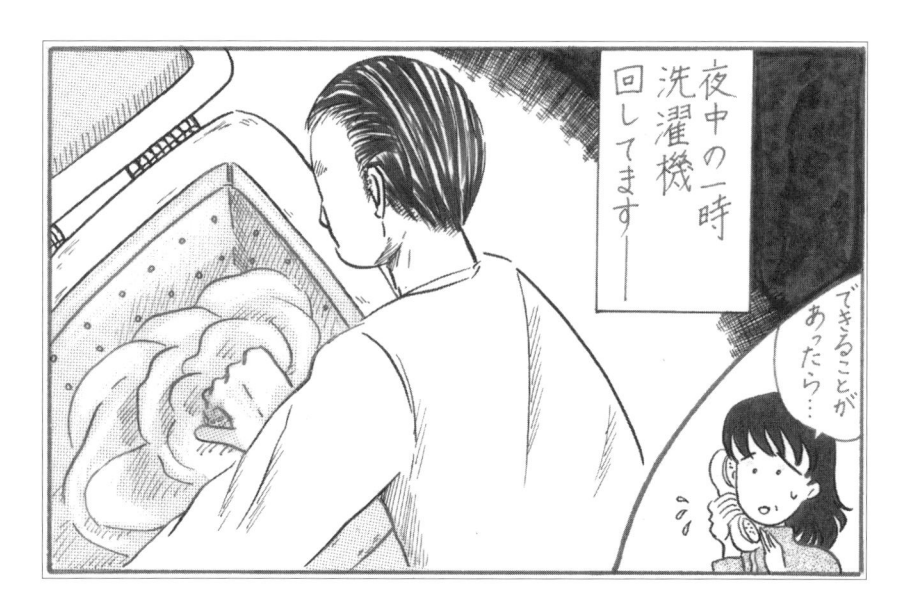

てしまいます。実は女房はいま入院中で、今まで任せきりだった家事を私がやっています。家の中のことがこんなに大変だったとは思わず、苦戦しています。子どもたちも手伝ってくれますし、2週間たったので少しなれましたが、かわりに疲れが出てきました。ビールも久しぶりです。洗濯機がとまったので、このへんで》

　こんな文面が綴られたノートを、「お父さんから」と言ってみいちゃんが持ってきました。お母さんが入院するということと、そのために田舎からおばあちゃんが来てくれるということは聞いていました。

　みいちゃんにおばあちゃんのことを聞くと、疲れて具合が悪くなって田舎に帰ってしまったというのです。

　昼休みにお父さんに電話をすると、お父さんは「先生……」と黙ってしまいました。そして、しばらくして覚悟したように話し始めました。

　「実は先生、まだ子どもにも言ってないのですが、女房、ガンなんです。いつも検診をしているのに今年だけ忙しくって、してなくて……。もう末期なんです」

　私は耳を疑いました。たった3週間ほど前に、
　「入院するから、子どものことをお願いします」
　と、言いに来てくれたお母さん。

Ⅲ章　お母さんのハートをつかめ

「お父さんが何にもしない人だから、宿題とか持ち物とか忘れ物が多くなるかもしれないのでよろしくお願いします」
　と、明るく笑って帰って行かれたお母さんが、末期のガンなんて信じられません。
　病院にお見舞いに行くと、お母さんは顔色もよく「全然、やせません」などと言って、元気そうに見えました。
「お父さんたら、もう！　みいちゃんのパンツと間違えて持ってきて」
　と笑う姿に、もしかしたらガンというのは何かの間違いではないかと思うくらいでした。

ポイント③　「お互いさまネットワーク」の誕生

　みいちゃんの次のノートの順番は、たまきさんの家でした。その夜、たまきさんのお母さんから電話がありました。
「先生、みいちゃんのお母さんはこの前、たまきがけがをした時、おぶって来てくれて、おろおろしている私といっしょに山田医院まで行ってくれたんです。その時、お礼を言ったら『困ったときこそ、お互いさま』って言ってくれたんです。何かできることはないかと思うんです」と。
　みいちゃんのお父さんに連絡すると、「それはうれしい」と言ってくれたので、学級委員さんと相談してもらうことになりました。
「できる人ができることを」ということで、夕食ネットワークがつくられました。また、みいちゃんが友だちの家に「帰って」おやつを食べたり、遊んだり、時にはお風呂に入ったりする家が、みいちゃんのお兄ちゃんが所属する野球部を中心に数軒できました。音楽会があると、ビデオが病室に届けられたり、遠足の時にはみいちゃんのお弁当が３つも届いて、みんなにおすそ分けしたりしました。
　しばらくして、みいちゃんのおばさんが手伝いに来てくれるまで、その「お互いさまネットワーク」は続きました。
　何回かお見舞いに行くと、そのたびにお母さんは、
「本当に皆さんによくしていただいてありがたいです。早く元気になって、今度は私が恩返ししたい」

と言っていました。
　しかし、その思いが果たせないまま、みいちゃんのお母さんは半年後にとうとう亡くなってしまいました。
　雪の降る日のお葬式でした。
　「お母さんは、白が好きだったんだよ」
とみいちゃんが言ったので、みんな泣いてしまいました。
　「困った時こそ、お互いさま」という、みいちゃんのお母さんの思いどおり、お父さんの「おしゃべりノート」の一文から始まったネットワークが、その後のみいちゃんを支えていきました。

おまけのコラム

親子イベント「牛の乳しぼり」

　朝の5時、学校集合です。いまは夏休み。今日はクラスの親子イベントの日です。車12台を連ねて、郊外にある牧場へ牛の乳しぼりに出かけました。先頭は私。子どもたち全員と保護者の半分以上が参加しました。
　「子どもたちに牛の乳しぼりを体験させたいんです。学校っていろいろ制約があるでしょう。でも、夏の親子行事にすれば取り組みやすいと思うんです。なんとか力を貸してもらえませんか」
　一学期終わりの懇談会でお願いしたら、お母さん方はすぐに賛成してくれました。
　「きっとみんな行きたがるわよ。親がいっしょに行けないお家は、私たちでなんとかしましょうよ」
　自分の子どもだけでなく、よその子どものことまで考えるようになる。これがクラス行事のいいところです。それから一カ月、今日はその当日。早朝、まだ人通りのない街を12台の車が走ります。橋を2つ渡り30分ほど行くと、林の向こうに牧場が見えました。
　「おお！　きみは、なかなかしぼるのがうまいねえ……」
　牧場のおじさんが笑いました。「ビューン、ビューン」牛のお乳が飛び散る。みんなワイワイ言いながら親子で順番に乳しぼりを体験しました。
　「で、でけえ……30センチはある」
　たまたまやってきた獣医さんの注射器を見て、誰かが悲鳴を上げました。
　「あんたも小さい時はあんなふうに泣きながら予防接種を受けたんで」
　お母さんが「モー」と啼いている牛を指さしました。私はこんな親子の会話が好きです。ほのぼのとした親子の出会いを演出したい。「きみは大事に育てられたんだよ」、そんなメッセージを伝えたいといつも思います。
　「さあ、一段落したら、朝ごはんにしよう」
　牧場の隅っこにシートを敷き、牛の啼き声を聞きながらおにぎりを食べます。自然と子どもたちの声も弾み、大人同士も友だちになります。
　私は、4時に起きてつくった味噌汁を配りながら、しっかりと自分をアピールしました。（本当に僕って、なんていい教師だろう……。）
　「ええ？　子どもたちの感想は、どうなっているのかって？」
　子どもたちの感想は、「くさかったけど楽しかった乳しぼり」でした。
　ときには、親子の出会いを演出する演出家になるのもいいものです。

Ⅲ章　お母さんのハートをつかめ

〈3〉こんなふうに書きたい連絡帳

連絡帳は、「家庭と学校」とのパイプ役。でも開くのが気が重くなったり、どんなふうに返事を書いたらよいのか迷い、書いたり消したり……。連絡帳の王道は見つかりませんが、幸せ気分になる読み方、書き方を一緒に探してみましょう。

ポイント①　気分がよくなる連絡帳にする技

◆連絡帳は全員朝、提出

　私が以前勤めていた学校では「連絡帳に書いたのに、先生は見てくれなかった」という一人の保護者のメールで、低学年は全員、連絡帳を毎朝提出することになっていました。最初は出し忘れる子どもも多く、朝からカリカリして面倒だったのですが、慣れてくると良い点があるのに気がつきました。全員提出してといっても書いてある人は多くて2～3人。あとの連絡帳にはなにも書いてないと、なんだかほとんどの人には「合格」をもらったようで、朝気分良くスタートできることです。

　また、もう帰る時になってあわてて「連絡帳」と出されても、「なんでこんな忙しい時に出すの」とカリカリしなくてもすみます。

◆「ありがとう」をたくさん

　ある図工の時間。今日は、箱や紙パックでいろいろな動物を作る日です。材料を忘れてしまったかんちゃんは半べそです。「サンタクロース」と言って、大きなゴミ袋に牛乳パックをいっぱい入れて持ってきたあさちゃんは、作るものがはりねずみだったので、牛乳パックが残っていました。

　「あさちゃん、いやいや、サンタクロースさん！　牛乳パック、プレゼン

くり

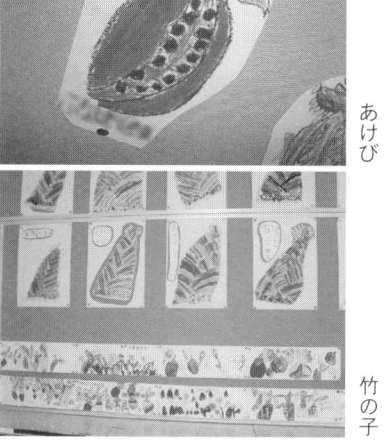

あけび

ぶどう

竹の子

ト してください！」と頼んでみると、あさちゃんはかんちゃんのところへ持っていってくれました。

　早速連絡帳に、あさちゃんのママへお礼の手紙を書きます。

「今日たくさん牛乳パックを持たせてくださり、ありがとうございました。あさちゃんはハリハリはりねずみを作りました。はりが本当に痛そうです。ところで図工の材料を忘れた友達に、あさちゃんが牛乳パックを持っていってくれました。やさしいあさちゃんです。勝手に残った牛乳パックをいただいてしまいました。ありがとうございました」

　すると、あさちゃんのお母さんからも、

「捨てようと思っていたので役に立ってうれしいです」

　という返事が返ってきます。かんちゃんのママからは、

「図工の材料ありがとうございます。うっかりものの親子です。お礼というわけではありませんが、竹の子を掘ったので持たせます」

　という手紙が届きました。今度はかんちゃんの家に竹の子のお礼の手紙を届け、学級通信に竹の子の絵の写真を載せました。やがてびわ、あじさい、かき、りんご、ざくろ、どんぐり、からすうり、あけび、まつぼっくり、すすき、葉っぱつきのさつまいも、かに、ザリガニなど、次つぎと教室に届くようになりました。それを絵に描いて写真を撮り、お礼の手紙を届けます。教室は素敵な美術館になったり（写真上）、昆虫館になったり……。「ありが

81

とう」の連鎖が、教室を豊かに楽しくしてくれます

◆連絡帳にミニミニ日記

　時間割や、持ち物については毎日書いていると思いますが、私は「ミニミニ日記」を毎日書いています。1年生だとなかなか文は書けませんが、2学期の半ばぐらいから始めます。最初は書く文を決めて学校で書き、カッコ内に自分にあてはまることを家で書きます。

〔例文〕

> きょう　ぼくは(わたしは)、(　　　　　　　)を(　　　　　　)とやりました。とても(　　　　　　　)でした。こんどは(　　　　　　)をやってみたいです。

ポイント② 事実確認をあやまるとこじれる

　ももちゃんのお母さんから、3ページの長い連絡帳が届きました。ももちゃんがさきちゃんにいじめられていて、学校に行きたくないと言っているという文面でした。連絡帳の最後に書かれた「しっかりと子どものことを見てください」という文面が突き刺さります。どう見ても、ももちゃんは良い子で、お母さんの怒りももっともだと思いました。

　さきちゃんに昨日のことを聞いてみます。やっぱり昨日の帰り道、けんかになり蹴ったりランドセルを引っ張ったりしたことがわかりました。さきちゃんが「でも……」と言いかけたのですが、私は無視してしまいました。

　ももちゃんのお母さんの連絡帳には、「できたらお会いしたい」とだけ書きました。家に行くと、お母さんは次から次へとさきちゃんとのトラブルをあげ始めました。

　「先生、もう少し細かいところまでしっかり見て、話を聞いてください」

　と、ももちゃんのお母さんに強く言われて、

　「すみません」と私は謝りました。

　電話でさきちゃんのお母さんにも、帰り道のことを話しました。さきちゃんのお母さんはびっくりして、「先生、ご迷惑をかけてすみません」とひた

すらあやまっていました。

　次の日、ももちゃんは元気に学校に出てきました。早速さきちゃんとの話し合いが始まりました。おとといの帰り道のことは本当で、さきちゃんは大つぶの涙を流して、ももちゃんに謝り、仲直りもできました。

　しかし、ここで私はとても大切なことを落としてしまいました。それはなぜ、さきちゃんがももちゃんを蹴ったりしたかということです。「どうしてしたか」というさきちゃんの思いやわけを聞かなかったのです。

　実は、ももちゃんたち4人グループの中で、いちばんみんなをいじめていたのはももちゃんだったのです。このことはしばらくして起こった上履き隠しからわかるのですが、最初のももちゃんのお母さんからの連絡帳で、私の指導を追及する文面に気持ちが動揺して、さきちゃんをももちゃんに謝らせることばかりに気持ちが動いてしまいました。

　それ以来、私は連絡帳の文面としっかり向き合いながらも、まずは「事実の確認」と、「どうしてそうしてしまったか」を大切にしています。

　あわてて返事を書かず、書いてくださったお礼と、「いま子どもたちに話をじっくり聞いていますので、なるべく早くお返事ができるようにいたします」などと書くことにしています。事実が確認でき、だいたいの対応も見通しがついてから、なるべく早く返事をするようにしています。

Ⅲ章　お母さんのハートをつかめ

〈4〉手ぶらでは行かない家庭訪問

家庭訪問、いい保護者の方との出会いがあればうれしいですが、そううまくはいきません。仲良くしたいとは思いますが、仲良くなるにはどうしたらいいのでしょうか？

ポイント①　家庭訪問にはグッズが必要

　こんにちは……と、玄関を上がってリビングへ通してもらえる仕事は、学校の先生のいいところです。しかし、上がったあとが問題です。だって会話が続かなくて、
「そろそろ次がありますから……」
なんて言いながら、そそくさと帰ることはありませんか。これでは、せっかくお休みを取って、私たちを迎えてくれた保護者の方も、
「今年も、はずれだった……」
なんて思うはずです。
　ではどうやって、家庭訪問に取り組んだらいいのでしょうか。そうです。ここでも、グッズが必要です。子どもたちに小さなカードを配ります。そのカードに、次のことを書き込んでもらいます。

①あなたの得意なことを教えてください
②帰ってから、どんなことをしていますか
③いちばんの友だちは、だれですか
④おうちでしているお手伝いは何ですか

　話に困ったら、このカードを出して、
「千葉くんは、いつもお風呂の掃除をしているそうですが、いつからさせ

> いいところを書いてね

家庭訪問にはグッズが必要

ているんですか」

と、家庭の育て方を聞く形で話を続けていくのです。

ポイント② 家庭訪問で2つのことを聞く

　大切なことは、相手を知ることです。相手を知るとは、家庭の子育てを知るということです。そこへ話を向けていくことがいちばんのポイントです。それで、あっさりと切り出します。

「お宅では、子育てでいちばん大切にしていること、望んでいることは何ですか？」

　こう聞かれると、半分の家庭は即答し、半分の家庭は「何かしら……」と、少しの間考えます。考えることも大事です。お互いが子どもをどう育てたいかを話し合うのが家庭訪問です。家庭が、何を大切に育てているか忘れ、見失っていることだってあります。それを思い出してもらうのです。

「やさしい子になってほしいですね」

「人に迷惑をかけない子どもになってほしい」

　多くの方がこんなことを言います。そこで、

「たとえばどんなふうに？」

と、聞き返します。こういう調子で会話をつづけながら、それと反対のこ

とが起きた時は、どう子どもを叱ってきたかを聞きます。それで、はじめてこの子はこう叱ればいいんだな、と叱り方を決めます。育て方、叱り方は各家庭で違います。それまでは、叱りません。

さて、こういうことを聞いたあとに、

「いちばん力を入れてほしいことは、どんなことですか？」

と、聞き込みます。すると、いま家庭が最も気にしていることや望んでいることを話してくれます。家庭が望んでいることを聞いてこそ、

「ああ、家庭訪問があってよかった……」

保護者の方は思うわけです。さいごに、

「やさしい子が育つように力を入れますね。家庭でもいいことがあったら、連絡してください」

と、話を締めくくります。

ポイント③　大切なことは、子育ての話を聞くこと

一平は、5年生でした。3年、4年と悪いことばかりし、担任を悩ませました。ついに4年のときの担任は、親を校長室に呼び出しました。

「お宅の子は、悪いことばかりして困る……」

話を続けていると、いらだったお父さんが、

「うちではいい子だ。学校の指導が悪いんだろ～！」
と、怒鳴ったそうです。
今日は、その子のうちへ家庭訪問でした。行く先々の家で、「一平くんと一緒だから心配です」という声が聞かれます。
チャイムを押しました。一平の母は、携帯電話で話しています。５分ほど待ちました。ようやく話を始めようとしたとき、
「うちの子はどうかしら？」
お母さんがタバコの煙をパア～と吐きながら切り出しました。これはさぐりです。
「愉快なお子さんですね」
私は、返しました。
「そうでしょ。うちの子を悪い子だと言う人がいるのよ。私にしたら、すぐに泣くほうが弱すぎるのよ。情けないわ」
「ハア～そうですか」
「私はね、自慢じゃないけど中学のとき、砂浜に男子を肩まで埋めたのよ。それに比べれば、一平のしていることなんて、小さいことよ」
「がんばってたんですね」
「そうよ、今の時代に私が子どもだったら、こんなんじゃすまないわよ」
「なるほどなあ……」
このやり取りで、どんなことがわかりましたか。きっと、お母さんは荒れた中学生だったんでしょうね。そんな人は学校自体をよく思ってはいません。苦情を言っても、言い返されるだけです。まして、荒れた子ども時代をすごしたお母さんは、自分の親とどう接してきたのでしょうか。
揺れて育ったお母さんの子ども、一平がいま揺れています。長い付き合いになりそうです。そのスタートが家庭訪問です。家庭の事情を知ってこそ、子ども理解が始まります。
家庭訪問。それを充実させるには、１枚のカードと２つの質問。そして、相手の話を感嘆詞で聞くこと。子どもにかかわるには、まず相手のホームを知ろう……ということです。

Ⅲ章　お母さんのハートをつかめ

〈5〉親からのこわい電話

保護者からの電話はドキッ！　たいてい激しい抗議やきびしい質問が多く、気が重くなるからです。しかし、「まずは聞く」そして要求と本音は何か、さらに対策をいっしょに考えるというスタンスに立つと、少し希望が見えてきます。

◘「ぶっ殺してやる」と怒鳴り続ける父親

　受話器を離しても聞こえる怒鳴り声の電話は七菜の父親からでした。
「いったいどんな指導をしてるんだ。税金でおたくの給料払ってるんだよ。あんたのせいで七菜は学校へ行くのがいやだって泣いてるんだ。いじめられてるんだ！」
　(えっ、七菜がいじめ？)という言葉を呑み込みました。七菜は美紀たちグループ（Ⅱ章「荒れる女子グループ」）の二番手ぐらいの位置にあり、どちらかというといじめる方なのです。
「すみません。七菜さんからはそのようなことは聞いていないので……」
と言うと、お父さんはさらにエスカレートして、
「てめえのような教師がいるから、自殺する子どもが出るんだ。逃げるんじゃあねぇ。今から学校へ行くから、校長と２人で待ってろ。ぶっ殺してやる」
と、怒りをあらわにしました。
　これは説明したり、質問したりすると、なお興奮すると思い、
「分かりました。お待ちしております」
と覚悟を決めて言うと、電話のそばでお母さんらしき声がして、やおら、
「行こうと思ったけど、学校に行くと目立つからと、うちのやつが言うの

で」と父親はややトーンダウン。

「では、私がおうちにお伺いいたしましょうか」と言うと、

「いや、うちは社宅だからいっぺんに評判になるから、それはだめだ」

そこで、学区外の喫茶店で会うことになりました。

こんなとき本当は一人でなく、複数で会うようにしているのですが、その日は遅かったので、もうほとんど先生たちは帰宅していませんでした。教頭先生もその夜は会議で、

「篠崎さん、聞くことに徹すること。何かあったらトイレから電話する」

ということで、一人で会いに行きました。

ポイント① こちらが切れたら負け

父親はまだ興奮していて、喫茶店のお客さんがじろじろ見ています。１時間ずっと父親の話を聞いていました。何度か反論しようとしますが、機関銃のような言葉の攻撃はとまりません。だんだん私はイライラしてきました。でも切れたら負けだと自分に言い聞かせ、コーヒーを３回もお代わりし、チャンスを待ちました。父親が水を飲んでいるちょっとしたすきに、

「ところでお仕事大変なんじゃありませんか。みんな現場に押しつけてひどいですよね」

と話しかけてみました。父親は工場の管理職なのです。すると、
「いや先生（おめえじゃなくなった）、そうなんですよ。リストラ、リストラってどんどんやめさせて、残れたからよかったと思ったらすごいノルマで……」
と、切々と職場でのことを話し出しました。本当に大変そうで、つらさが伝わってきます。
「それで……家に帰ったら七菜が泣いていて。なんで泣いてるのかと聞いても泣くばかり。いじめられたのかと言うとうなずいたのでつい。一生懸命働いているのに、なんで子どもまでと思ったらなんかこう……」
と、電話をしてきた時の状況を話し始めました。
その年の夏、私の弟の小さな会社も不渡りを出して倒産し、会社は人手に渡ってしまったことと七菜の父のつらい姿が重なりました。
「お父さんの言う通り、私はまだまだ甘い教師です。七菜さんのことも全然気付かず、申し訳ないと思っています。明日はちょうど休みなので、七菜さんから詳しい事情を聞きたいと思います。うちに遊びに来るよう伝えていただけないでしょうか」
と、切り出しました。

> ポイント②　苦情をトラブル解決のカギに

次の日、駅の改札口から緊張した面持ちで出てきた七菜は、「これ、お母さんから」と手作りのまだあたたかいクッキーを渡してくれました。
「お父さんのこと、止めたんだよ」
と、言う七菜に、
「ありがとう。ちょっとびっくりしたけど、でもお父さん頑張っているよ。七菜のことも本当に大切に思ってるし」
と、言いました。七菜は、
「うざいと思っているし、勉強勉強ってしか言わないし、あんまり口ききたくないっていうのがホンネ」
と、父親に対する不満を漏らしたあと、こたつで猫のハナを抱っこしながら、学校に行きたくない原因の美紀とのトラブルを話し始めました。

七菜は「よさこい」の学年リーダーや２学期の学級代表に選ばれるなど、クラスで活躍するようになりました。当然女子グループ以外の友達もできます。それが美紀の怒りをかい、無視や噂をされ、傷ついていたのです。
　次に美紀はどんな気持ちで七菜にイジワルをしているのか２人で考えました。七菜は自分が美紀から離れたいと思う気持ちがあり、美紀を無視していたことに気づき、まず自分から明日謝ってみると言いました。
　「明日、レディース７を開こう」と言うと、七菜は少し笑顔になりました。

◆それぞれの道で仲良くできる２人に

　次の日「レディース７」の中で七菜と美紀は互いに思っていたことを話し合いました。七菜は自分から無視していたことを謝り、
　「美紀のことは友達だと思っているけど、これからも実行委員や係で違う友達とも一緒に話したり仕事をしたい」
　と、声はやや小さかったけど、美紀に言うことができました。
　その後、「走れメロス」の劇の取り組みでは、美紀は音楽を、七菜は演出をと、それぞれ違うグループに入り、がんばっていました。そして劇の入場券を配って歩く時にはふたり仲良く一緒のグループになり、北風の中、元気よく学校を飛び出して行きました。

おまけの
コラム

本日電話感謝デー

　２週間に１回の木曜日、私は名簿を見ながら電話をかけている。つけた名前は、「電話感謝デー」。
　「もしもし、みぞべです。今日は、いい電話ですよ」
　そう言って、話し始める。
　「ええっ、そんなことがあったんですか」
　お母さんの喜ぶ声がうれしい。１軒目、２軒目、３軒目と進む。だいたい５軒目あたりが本命だ。はじめは、ウォーミングアップをかねて軽やかにかけるものの、５軒目あたりが近づくとちょっぴり手に汗がにじむ。
　あれは、たしか11月頃のことだった。電話感謝デーも４周目くらいになった時、いつものようにいい出来事をお話しし、電話を切ろうとした。
　するとゴン太のお母さんから、
　「本当にそれだけですか？」
　と、聞き返された。
　「そうですよ。今日は電話感謝デーといって、いいことを連絡する日なんですよ」
　「そんなことはないでしょ。それだけで学校の先生が連絡してきますか」
　きつい調子で問い詰められた。
　（ああ、本当はこれが言いたかったんだ。それを半年もがまんしてたのか）
　それでも、お母さんが本心を話してくれたことがうれしかった。
　「お母さん、本当にいいことをしたから電話したんですよ。悪いこともお知らせします。でも、それと同じくらい、いいお知らせもしたいんですよ」
　私も本心を話した。大人同士が信頼の糸をつなぐことは時間がかかることなんだ。けれど、思いが通じるとうれしいもの。
　６軒目、７軒目。これでおしまいだ。最後の方には、いい夢が見られそうな家庭を入れている。これくらいのクールダウンは、許してくださいね。
　そうだ！　これを続けていると、
　「うちにも電話感謝デーの日がきましたか。待っていました」
　そう言って、喜んでくれる家庭も出てきた。私たちの電話で少しでも喜んでくれるのなら、やってみようじゃありませんか。本日電話感謝デー。

Ⅳ章　遊び・イベント大集合

IV章　遊び・イベント大集合

〈1〉気の合う仲間と気ままにクラブ

> 子どもたちに友だちを広げるきっかけをつくりたい、誰でも思うことです。それで、つい「みんなと仲良くしなさい」なんておきまりのことを言ってしまいます。仲良くするにも、仲良くする相手がいないんです。

私のクラスには、自由なクラブがあります。正規のクラブとは異なります。気ままに呼びかけて好きなクラブをつくるのです。これがなかなか人気です。その人気のクラブとはどんなものか、紹介しましょう。

ポイント①　こうやってつくる

クラスのクラブは、どんな具合にできるのでしょうか。私の場合は、こんな感じです。

稲垣くんが、休みがちになったのは、3学期が始まった頃でした。聞けば彼のお兄ちゃんも不登校でした。なんとかしたいな……そう考えていたとき、彼が雪野くんとテニスをしていたことを思い出しました。

私は、まず雪野くんにテニスクラブのことを誘いかけてみました。すぐに引き受けてくれました。次は、稲垣くんです。休みがちといっても、まだやって来ています。来たときに雪野くんに声をかけてもらいました。

「先生！　稲垣くんも、やりたいって言ってるよ」

「そう、それならどちらが部長で、どちらが副部長か決めてね。そして、この紙にみんなに呼びかける文章を書いてポスターをつくろうよ。週に何回するつもり？」

そんなことを聞くことで考えを深めてもらいます。

◀クラスの人気クラブ▶

〈将棋クラブ〉
中休みや昼休みに集まって将棋をします。1対1で戦うので相手が決まり安心してできます。部長には、将棋セットの管理をお願いしています。

〈エスけんクラブ〉
グラウンドでエスけんをします。結構人気です。外で体当たりをするのでわんぱく派はエネルギーを使います。でも、はじめは泣く子が多いです。

〈朝ランクラブ〉
朝グラウンドを青春ドラマのようにランニングするクラブです。ただ3周するだけですが、その簡単さが呼び物になり10人以上が集まります。

〈アトラスクラブ〉
アトラス大かぶとをいただきました。そこでお世話のために、こんなクラブが生まれ、土曜、日曜はホームステイをします。

ポイント② 弱い子どもの側に立って

6年生になりました。テニスクラブは、クラスを越えて続いています。活動する曜日は火、水、金曜の週3日です。職員室からグラウンドを眺めると練習する様子が見えます。集まっているのは7人です。はじめにグラウンドの真ん中で体操をします。中心は本格的なテニスクラブに通う雪野くんです。準備体操の次は、素振りを200回。そして、壁打ち。そのなかにほとんど学校では話さない神戸くんがいました。私は、授業の終わった後に、

「放課後何かしているの？　時間があるならテニスクラブに入ったらどう？」

神戸くんに誘いかけたのです。でも参加しているかどうか知りませんでした。私は、彼の家を訪問することにしました。

ポイント③ 気楽に家庭訪問

「あら……先生、どうしたんですか？」

神戸くんのお母さんは、息子と違って早口でよくしゃべります。私は、話が途切れるのを待って言いました。

「神戸くんがテニスクラブに参加しているのを見て、どんな調子かな、と寄ってみたんですよ」

するとお母さんは、

「1週間ほど前だったかしら。学校から帰るなり、母さん、おれ、テニスクラブに入るからって、突然言ったんです。そりゃあ、もう驚きました。だって、こんなにはっきり自分の意思を口にしたのははじめてですから。そして、ラケットを買いたい、雪野くんが選んでくれるって言うので、すぐにお金を渡しました」

お母さんも驚いているようでした。でもそれ以上に私も驚きました。だって、軽く誘ったテニスクラブがこんなにヒットするなんて！　私は、おまえはなんてすごい勘をしてるんだ……自分をほめました。

◀クラブのつくり方▶

ポイント①言いだしっぺは、部長になる
　　　　②呼びかけ文を画用紙に書いて貼り出す
　　　　③ルールを決める
　　　　　a．週に何回するか
　　　　　b．何時から何時までか
　　　　　c．どこでするのか
　　　　④休んでもいいし、やめるのも自由であることを書く

ポイント④　放課後の世界

さて、順調にクラブは進んでいます。稲垣くんも休みがめっきり減りました。

「なあ稲垣、どうして休まなくなったんだ？」

私は声をかけました。さて、稲垣はなんと答えたと思いますか。なかなか面白いことを話し始めたのです。

「あのな、放課後遊ぶ約束をしていると、安心して学校に行けるんよ」

「へえ、それじゃ休んでいたときは約束できんかったんか？」

「そうなんや。遊ぼうって言っても、もう約束したからだめやって断わら

れた」
「3人で遊ぼうって言って、入れてもらえばいいんじゃないのか」
「そんなわけいかんので。子どもの世界を知らんな、先生」
なるほどね。遊ぶ約束は1対1でするようですが、クラブは違います。そこにやってくる人はだれでもOKです。クラブは公園みたいなものです。稲垣は、そう教えてくれました。
「今日は市営テニスコートの日なんで早く行かなきゃ。もういいですか」
稲垣は廊下で待っている雪野のほうを見ました。私が黙ってうなずくと、待っていた雪野が稲垣とぼそぼそと話し、肩を組んでやってきました。
「こんどテニス大会をするんよ。それでな、賞品を出してくれんかな。あれがいいな……」
稲垣は、ニヤッと笑いを浮かべて雪野を見ました。雪野は、
「コロちゃんコロッケ！」と言って、小さく笑いました。

> ポイント⑤ 第1回コロちゃんコロッケ杯

私はコロッケを20個買いました。いったい何人来ているのでしょうか。チャリンコで風を切って飛ばしていると、低学年のときからひとりぼっちのジュンちゃんがラケットを肩にかけて走っています。

「お先に……」
　私は、さわやかに抜きました。少し行くと、外科医のお父さんを持つ山田くんがマウンテンバイクを飛ばしています。彼の肩にもラケットがありました。私はそこまで飛ばして、
「あんたもテニスクラブ？」
　話しかけると、彼はうなずくなり、スピードを上げて行きました。
「先生もトーナメントに出るんか？」
　温泉屋の息子がママチャリをこぎながら言いました。前のかごにはラケットが入っています。
　コートにつくと、なんと13人もの子どもたちが集まって、2つのコートで試合をしていました。
「さあ、コロッケを食べようや」
　私は袋を高く上げて叫びました。子どもたちが寄ってきます。
「はい、これがきみのコロッケ……」
　渡していると、雪野くんが私の前に来て、
「先生、テニスコートでは飲食禁止なんで」
　にらんで行きました。
　テニスクラブは、子どもたちが卒業するまで続きました。子どもだけのテニス愛好会といったところです。クラブのお母さん方は、雪野さんを中心に少しずつ行き来が始まっています。
　さて、だれが一番うまいのかって、「それは私です」と言いたいところですが、雪野くんはどんどん腕をあげて、6年の秋には歯が立たなくなりました。子どもの成長というのは、早いものです。

おまけの
コラム

Ⅳ章 遊び・イベント大集合

遊びは子どものご飯です

　遊ぶとトラブルを起こす子。遊びの中に入れない子。みんな遊びたいのにうまく遊べない。そんな時、どんな遊びをどんなふうにやったらよいのでしょう。遊びにのらない子どもたちには、まず遊びの準備体操から！
　〔ポイント①〕少しずつ動かす、少しずつふれる。
　友達がどんな反応をするのかわからない時はのりません。そんな時、無理は禁物。クイズや手品、おもしろ実験などちょっと目を動かしてみる、答えを一声言ってみる、拍手やじゃんけんをしてみる、などの準備体操をします。まず子どもがこちらを見てくれて、声を出す（と言ってもつぶやく、ささやくという）程度でOKです。
【例】「コインはどっちの手？」「先生三択クイズ」（先生の得意なものを当てる。①牛乳の一気飲み、②ぴたりと当たる占い、③「女王の教室」の真矢のまねなど）「ハンカチが上にあがっている時だけ拍手」「息の止めっこ競争」「にらめっこ」
　〔ポイント②〕次に、少しずつ友達といっしょに声を出したり、ふれあったりします。
【例】「人生負けるが勝ちよゲーム」（5回負けたら合格。負けた順に一列に並んでいく）「コイン渡しゲーム」（班で前に出て一列に横並びし、手を後ろにし、コインを次々に渡していく。ほかの班は誰がコインを持っているか、班会議をして当てる）
　〔ポイント③〕子どもたちがのってきたら、班で相談したり、作戦を立てたり、体がふれあうゲームをします。
【例】「何だ何だ班会議」（教師が握ったチョークやおはじきなどの色を班会議をして当てる）「代わり返事ゲーム」（班の人の名前を言われたらその班全員が「は〜い」と言って立つ。呼ばれた人は他の班の人の名前を呼ぶ）「並びっこ競争」（手が大きい順とか、誕生日の早い順など）「新聞キャッチボール」（新聞紙の束を新聞紙で兜のように折ったグローブでいくつキャッチできるか競う）「雑巾取りゲーム」（真ん中に雑巾［マットでもよい］を置き、質問に該当する人だけがマットをさわれ、自分の陣地に持って来ることができる）「足リレー」（男女交互に並び紙袋、スリッパ、輪など足でリレー）
　〔ポイント④〕ルールの説明は短く、ゲームをやりながらする。

Ⅳ章　遊び・イベント大集合

〈2〉毎月一つ、クラスで行事

「うざい」と担任を拒否する女子グループ。クラスみんなで遊ぶことなんて夢の夢。参加することを強要せず、「みんなで1回実行委員」と提案し、少しずつ遊びの輪を広げていきました。

ポイント①　授業参観で　「グーチョキパー作戦」

　荒れる女子グループ6人の対応に悩んでいた頃のことです（Ⅱ章「荒れる女子グループ」）。彼女らは、授業はもちろん、掃除も給食当番もやりません。みんなでドッヂボールをやろうとしても、どこかに行ってしまいます。ゲームなどやろうとすると、彼女たちのするどい視線にみんな凍りついて声も出ません。私もやる気をなくしていきました。

　そんな中、一生懸命トイレ掃除をやっていた七男が、

　「おれ、一度でいいから授業参観のとき、かあちゃんの前で正しい意見を言ってみたい」

　と、つぶやきました。そんなこと、お安いご用です。「七男、七男と指しぬいてやる」と約束していると、みんなも集まって来て、「七男だけずるい」と言うのです。かあちゃんの前では、みんないいところを見せたいらしいのです。

　そこで「グーチョキパー作戦」を子どもたちに話しました。グーは、グーの音もでないほどわからない、パーは、パーと答えが浮かんだ、チョキはその中間。パーを上げている子どもたちだけ指していけば、子どもたちの願いはかないます。みんながなんとかパーの手が上がるように音読や板書もたく

さん取り入れ、答えに自信のないときにはグループ会議も入れてほしいという子どもたちの要望も入れました。

女子グループのリーダー美紀がチラッと威嚇（？）にきたので、簡単に今みんなで話し合ったことを伝えました。

「やりたい人だけでいいからね。でもよかったら参加して」

と、なるべく普通に言いました。みんなでやろうとすると何も決まらないので、まずは「この指とまれ方式」でやろうとしていたからです。「情報はみんなに、選択は自由」をまず糸口にしようと思っていました。

ポイント② のってこない6人にそれぞれの役割を

授業参観はいつもの授業とはうってかわって全員が参加し、まずまずの成功でした。そのお祝いに何をやりたいかと聞くと「キックベース」がいいというのです。

しかし案の定、美紀たちはのってきません。芽里と有香は日に焼けるからいやだというので、日かげでもできる得点係を頼みました。日焼け止めクリームもつけてやりました。試合中、アウトかセーフかでもめたので、町のソフトボールクラブのピッチャーの木南子に審判を頼んでみました。

「審判なら」と、木南子はスンナリ引き受けてくれました。七菜とマチも

木南子についてきて審判を始めました。美紀にはカメラを渡し、写真を撮ってくれるように頼んでみました。意外に美紀は「撮ったら写真くれる？」と言い、みんなを撮り始めました。私は心の中で、はじめてみんなが参加した行事ができたと思い、このクラスでなんとかやっていけるかもしれないという思いがかすかにわいてきました。

ポイント③　一人がひとつずつ好きな行事の実行委員

ある日、美紀たちが「先生はひいきしている。平等でない」と言いに来ました。少しずつクラスで遊んだりできるようになり、七男たちが遊びのリーダーになり始めた頃です。何人かの子どもが活躍しだしたのが気にいらないのでしょう。

そこで、クラスでやりたい行事を11選びました。そして、「みんな平等に一人がひとつずつ好きな行事の実行委員になる」という提案をしてみました。子どもたちは賛成し、それぞれが好きな行事を選びました。女子グループは固まるかなと思っていると、意外にもバラバラに。彼女たちも6人だけで向き合うことに疲れ始めていたらしいのです。

荒れてけんかやトラブルがあとを絶たないクラスに、せめて小学校生活最後の思い出をつくりたいと、思い切って第4金曜日の5、6時間は学級行事の時間にとることにしました。取り組みの時間はその行事ごとに違うので、週案を見ながら子どもたちと話し合いをして決めていきました。

ポイント④　仮装大会、実は大成功

6月は貴代たちが担当する「雨にも負けず仮装大会」でした。のんびり屋の貴代、月曜日は遅刻か休む紀香、声が小さく5年の時はいじめにあっていたといわれる鳩子の3人が実行委員に立候補していました。立候補と言っても、最後にあまったところにたまたま3人が入ったのです。

しかし、仮装というのが新鮮だったのか、グループで何の仮装をするのかはスムーズに決まり、少しずつ家からいろいろなものが運ばれてきました。かつらを作ってかぶり合ったり、サングラスをかけて笑い転げたり、男の子がスカートをはいて「スースーする」と感心したように言ったり、毎日何か

イベント名が楽しいよ

全員が一つ実行委員になったクラス行事

月	行事名	場所	実行委員数	おすすめ
4	桜ちらちらドロケイ大会	校庭	3人	簡単で楽しい。
5	こいのぼり連だこ大会（連だこを親に教えてもらい、40のたこを作りあげた。校庭は狭く河原がよかった）	校庭（河原）	4人	手先の器用な子の発見ができ、その子が生き生きしだした。
6	雨にも負けず仮装大会	体育館	3人	
7	暑さ忘れて流しそうめん（竹がうまくつなげず、実際にはタライの中のそうめんを実行委員が箸でぐるぐる回す「まわしそうめん」になった。	家庭科室	3人	失敗が続いたが、とにかくやりぬいた。うまくいかないことでも笑って楽しめるようになった。
9	ミニモニ運動会（本当は運動会でやりたかったものをやった）	体育館	4人	種目ごとにリーダーをつくった。
10	月みる君と星を見る会（夜）	地域の広場	3人	親も大勢参加。焼き芋が差し入れされ、星にくわしい宇宙科学研究所のお父さんが星について説明してくれた。
11	キックベースの鬼（練習はそれぞれの地域の空き地）	校庭	2人	放課後、男女で遊ぶきっかけになった。
12	サンタ集合サンタ仮装Xマス（仮装してドッヂボールやコンサート、ケーキづくり）	音楽室、校庭、家庭科室、公民館	6人	みんながやりたいことを全部実現させた。
1	中学でも役立つ百人一首	空き教室	2人	学年の取り組みにした。
2	みんなもれなくバレンタイン	家庭科室友達の家公民館	4人	ラブロマンスのきざし
3	めざせ百万円36×2脚走、つばさをつけてコンサート。（「36脚」でテレビに出ようと問い合わせをしたが、間に合わなかった。かわりに「6・3ストーリー」というクラスの1年間のビデオを制作した。コンサートでは音楽・ダンス・コント・一発芸などをやり、学校内外の方たちにチケットを配り、招待した。感謝をこめて）	校庭体育館音楽室	2人+班長会	卒業にむけて学級みんなで一つの仕事をした。男女をこえ、いろいろな友だち関係ができた。

が教室に運び込まれ、楽しい雰囲気に包まれていきました。この分だと、仮装大会は間違いなくうまくいくと思われました。

　しかし当日の朝、みんなが言い争っています。美紀が、
　「こんな格好をして体育館まで行くのはいやだ。はずかしい」
と言うのです。この意見に賛成する人も多く、もめていたのです。

　そこで「仮装＋変装」をして体育館へ移動することになりました。スリルを味わいながら、みんなが授業している廊下をすり抜けます。体育館に無事つき、さあ今から本番という時になって、いまいち盛り上がりません。歌う声も小さいし、「三輪車リレー」も「ファッションショー」もしらけています。歓声も笑顔もなく、6月の長雨が体育館の屋根にあたる音だけが響く大会でした。貴代たちを評価しようとしても、言葉がみつからないまま終了してしまいました。

　次の日、おそるおそるアンケートをとってみると、意外にも楽しかったという意見が多く、仮装するだけでメチャ楽しかったというのです。貴代も生まれてはじめて、みんなの前で司会ができたことがうれしかったと書いています。

　「理屈なく楽しい体験をする」それだけで充分だったのです。
　私はどうしても「会として盛り上がったかどうか」「運営は」「取り組みは

どうだったか」ばかりに目がいってしまいます。でも、子どもたちが体ごと楽しさを味わうことができるかどうかが大切なのだと、子どもに教えてもらいました。

貴代たちはこの実行委員会がきっかけで友達になり、紀香もいつのまにか欠席が減ってきました。後から考えると大成功の行事でした。

ポイント⑤ ひみつのバレンタイン作戦

2月。瞳と摩耶が、

「先生、2月、私たちの実行委員の番だけど、男の子みんなにチョコあげたい」と、言いにきました。

「バレンタインに何かをする」ということは決まっていますが、「何」をするかは実行委員が細かいことを決めて学級会に出すのです。ラブラブの人たちはいいけど、チョコをもらえない子もいるし、女子もチョコを食べたいというのです。

女子を集めて聞いてみると、みんな賛成で、男子には内緒でチョコを作ろうということになりました。まだ女子の間のトラブルが解決したとはいえなかったので、1つのことをいっしょにやることで、何かを感じて卒業してほしいと思っていました。その日から男子がいなくなった休み時間や放課後に秘密の女子会議を開くことになりました。

そんな中、ある時は、なんだかおかしいと感じた男子たちが出口を両方ふさぎ、校長室からやっと脱出したり、非常階段から逃げたり、サスペンスドラマのようになりました。公民館でチョコを作った時も海人が、「何か、においますね」と尾行したと、美紀が興奮して話していましたが、なぜかうれしそうです。

ポイント⑥ 行事はドラマを運んでくる

女子はチョコとゼリーを作り、きれいにラッピングし、テーブルクロスに花も飾り、いよいよ男子を招待する準備が整いました。

ところが、女子があやしいと隠れて部屋をのぞいていた海人が、美紀が「だめ」と閉めたドアに指をはさまれ、怒ってしまい、ほかの男子も行かな

いと言いだしたのです。そこで話し合いが始まりました。言い合いがずっと続きました。これでは、けんかするためのバレンタインになってしまいます。

　美紀は泣いていました。すると瞳が、

「男の子に内緒でやったのはごめんね。でもその方が喜んでくれると、みんな思った。美紀は女子の秘密を守ろうとしてドアを閉めたんだ。みんなでチョコ食べたかった……」

とうつむきました。しばらく沈黙が続き、七男がいつものお笑いモードになり、

「おれ、チョコ食いたいから行くよ、全部おれのもの！」

と言うと、少し空気がやわらぎました。

「おれたちもチョコは食べたい」

と男子も全員参加し、みんなで会を始めることができました。

　しんちゃんがチョコが嫌いと言うと、「はい」と加奈子がおせんべいを渡します。目が点になっていると、瞳が、「２人はラブラブだから」とそっと教えてくれます。そして私は見たのです。美紀が一番大きなチョコをそっと海人に渡しているのを……。小さな恋が生まれていました。

　その後、男子は３月３日、お返しに「ひな祭り」をしてくれました。

　男子全員でおひな様や飾りに仮装して、腹踊りや牛乳一気飲み、ラップやお笑いをしてくれました。行事はドラマを運んできます。

Ⅳ章　遊び・イベント大集合

〈3〉きょうだい学級で交流給食、クリスマス会

> 荒れる学級を押さえ込もうという思いを捨て、この子どもたちのやりたいことをかなえてあげようと思ったとき、クラスは変わり始めました。4年生と1年生との交流を始めたのです。

◆みるみる疲れていくレモン先生

　私が3年で担当したクラスは、授業崩壊してしまいました。その後の4年生をロッククライミングが得意なレモン先生が、さわやかに受け持ってくれました。レモン先生はたとえ校長の反対があっても見事に説得し、楽しい行事を子どもと実現させる人です。その耳にピアスがキラリ。どんなことがあっても不敵な、いいえ素敵な笑顔で「大丈夫！」と言ってくれる「ロック（岩盤）な人」なのです。

　しかし耳にピアスが光らなくなり、自慢のオレンジヘアが地毛になってしまう頃、「しのざき、あたしゃ、もうダメだ……」という言葉が聞かれるようになりました。レモン先生にとって、はじめての授業不成立になってしまったのです。食べられない、眠れないレモン先生といっしょに私の心も重く、何かできないか悩んでいました。

ポイント①　交流給食でやさしいお兄ちゃん

　まずは4年と、私が受け持っている1年との交流給食を始めてみることにしました。1年生32人の教室に、その日、給食当番でない4年生が1班ずつ7～8人が給食を運んできます。1年生の班に1人ずつ入り、使わなくなった椅子や親が作ってくれた縁台にすわって食べます。何回かすると、4年生

交流給食で4年生が変身

全員が1年の教室へこられることになります。

しかし、始める前はドキドキしていました。4年の給食というと、立ち歩きやケンカ、パンの投げ合いなどがすごくて大騒ぎ。もし、1年もそうなってしまったらどうしよう……。でも、いざ始めてみると4年生はきちんと椅子にすわり、1年生のホイル焼きの骨をとってあげたり、「ピーマン食べな。息とめて食べると大丈夫だよ」などと、やさしいのです。

「伸にいちゃん、指鳴らせるんだ」「荒馬さんって、横浜線の駅、全部言えるんだ」「かなちゃん、竹馬できるんだって。今度教えてもらうんだ」と、いろいろなふれあいが生まれました。

4年の風子も「静かに給食たべられるなんて久しぶり」と言い、私も穏やかな給食風景にうっとりしていると、突然、1年の大ちゃんが足で牛乳パックをつぶし始めました。ムッとして見ると、暴れん坊将軍の4年のゲンが「冗談、冗談」とあわてて大ちゃんをすわらせようとしています。

「ゲ～ン、なんとかしなさ～い」と、私が怒鳴ると、ゲンは、

「一年生のみなさん、牛乳パックはつぶすものではありません。こんなに牛乳でよごれてしまうし、缶に入りきれません。では！」

と、折り紙先生のように、たたみ方を教え始めました。

「おにいちゃん、すごいね！」

1年生はみんなゲンにパックのたたみ方を教わろうと並びます。
　それを見て風子は、「今までやんなかった分、やってもらいましょう」と言い、私と目を合わせてクスッと笑いました。
　またある時、ゲンは突然やってきて山盛りの給食を食べ、ひとしきりお気に入りの大ちゃんとふざけっこをした後、前に立って話し始めました。
　「みんな、勉強はあっという間にわからなくなる。先生の話、しっかり聞いてないとだめだ。教室出て行くと帰りにくくなるぞ。どこがわかんないって言えないくらいわかんなくなるぞ。きびしい」
　去年は、「おめえなんか自殺未遂でもしていろ」と私を拒否していたゲンが、ごんぎつねのゴンのように思えてきます。
　「ゲンの恩返し？」とうるうるしていると、
　「ゲン、ここにいたの。探したんだよ。給食食べかけで出て行くんだから」
　と、レモン先生が怒り顔でやってきました。
　「ごめ。交流給食かと思って……。ゲンも謝りな」
　と、2人でぺこぺこ謝りました。でもゲンはレモン先生の愛を感じ、なんだか嬉しそうでした。

ポイント② 総勢104人の「学級内クラブ」

　給食と遊びの会ですこし準備運動ができたので、クラブ交流を始めることになりました。毎週水曜日の5時間目は4年生は総合の時間、1年生は生活科の時間です。隣の1の1も誘い、4年39人、1年65人の活動です。シャボン玉、わりばし鉄砲、的当て、ケン玉、あやとり・カルタ、マンガ、ダンス、ドロケイ、おにごっこ、サッカー、ドッヂボール、一輪車、お散歩・ひなたぼっこのクラブができ、それぞれ活動し始めました。
　教師3人では手が足りないと教務や養護、支援学級の先生、元教員の教育ボランティアさんなどが手伝ってくれるようになりました。大きな遊びの会です。大人も子どもも自然に遊ぶという空間ができ上がりました。4の1も加わり、「遊び場」は広がっていきました。
　「こわ〜い！」泣く1年生を荒馬がおぶってドッヂボールをしています。ゲンは、1年の桃子のほうがケン玉がうまかったので、意地になって練習し

ています。サッカーでは1年がボールにさわったら1点、ゴールしたら5点と決め、点数を記録する係も決めていました。

　重たいゴールを運ぶ時、ふざける1年を「わっしょい、わっしょい」とかけ声をかける係にして、安全に、しかもみんなで片づけるということを翔を中心にやっていました。「遊ぶ」という中で笑い、できた自分をほめたり、できない自分と向き合ったり。「遊び」を通して、人って結構おもしろいと感じ、癒やされ、元気になっていくのかも知れません。

> ポイント③　合同クリスマス会の計画

　お母さんが再婚するので、大ちゃんが転校することになりました。ゲンにそのことを話すと、「なんかやってやりてぇ」と言い、クリスマス会をいっしょにやろうという声があがってきました。早速合同リーダー会を開き、原案を作ります。

　〔どんな会にしたいか〕1年と4年が力を合わせる。係の仕事や出し物をやりたいものを各自選び、1、4年合同班でやる。

　この原案をもとに班長会が合同学級会に提案し、質問をとり、意見を言い合い、採決して決めます。4年へのプレゼントとして、1年生は鍵盤ハーモニカヒットメドレーをしたいという修正案が認められました。

Ⅳ章　遊び・イベント大集合

もりだくさんだよ〜

◀プログラム▶

1、はじめのことば（1年生）
2、歌「赤鼻のトナカイ」ORANGE　RANGEの「花」
　　（伴奏4年、指揮1年）
3、ゲーム「さすらいのギャンブラー」「ステレオゲーム」
　　　　　「Xマスビンゴ」
4、班の出し物　1班「ジャンボ紙芝居」2班「劇・泥棒学校」
　　　3班「ダンス」4班「ハンドベル」5班「組み立て体操」
　　　6班「メリーXマスカルタ」
5、1年生へのプレゼント（お楽しみ）、のちに修正で4年生への
　　プレゼント（合奏）
6、動物園メリーXマス宝さがしと班対抗ナンバーコール
7、おわりのことば（4年生）

　12月第1週から準備に取りかかりました。合同の取り組みは、1年も午後授業のある火、水、木曜日の5校時で、都合のよい8時間を学級活動と総合（生活科）としてとることにしました。
　いよいよジャンル別の合体グループ活動が始まりました。私はレモン先生と相談して担当するグループを決め、大ちゃんはゲンといっしょのジャンボ紙芝居グループに入りました。係はジャンボクリスマスツリー作りです。
　ゲンはトイレットペーパー用のでかいダンボール箱をゲットしてきました。あとで養護の月子先生に聞くと、最初は学校作業員の藤田さんにお願いに行ったのですが、ちょうどよいのがなくて、藤田さんがゲンを月子先生の所に連れてきてくれたそうです。2人にきちんとお礼を言ったゲンのその姿にびっくりしたと話してくれました。
　ゲンと荒馬は1年の教室でダンボールを広げ、鉛筆でツリーの形を描き始めました。どうもうまくいきません。私が大きい三角定規を使ってお手本を見せると「すげぇ」とゲンと荒馬が私を褒めてくれました。3年の時ならきっ

▲1班の出し物はジャンボ紙芝居

とこんなうれしい言葉、お互い自然には言えなかったでしょう。

　私は本当に癒やされていました。

「去年のこと、うまくいかなくてごめんね」

と、腹這いになって緑の絵の具を塗っている2人に小さい声で言ってみました。ゲンはしばらくそのまま動きませんでした。そして聞こえなかったように、「センセ、緑の絵の具固まっている。絵の具、絵の具」と言い、「大ちゃんおいで」と1年の大ちゃんに筆を持たせ、手を添え、また塗り始めました。

　去年は絵を描くと、気に入らないと言って紙をびりびり破き、筆や水を投げつけたゲシ。「筆はめちゃくちゃじゃなくて、もみの木の葉っぱみたいにトゲトゲトゲって描くんだよ」と言って、大ちゃんの手を柔らかく握って描いている今のゲシ。どちらのゲンも抱きしめてあげたいと、その時、私は思っていました。

ポイント④　サンタしゃんは来るかな？

　飾りは風子がリーダーになり、星や折り紙のサンタ、そしてちびツリーなど机を合わせて作っています。折り紙の天才、1年の倫也も引っ張りだこです。その時気づいたのは、4年生は1年生にとてもやさしい声と目と手で教

えるということです。

　クリスマス会の当日、ゲンはジャンボ紙芝居の中で、「悲しい時には楽しいことを思い出すんだ。前の楽しいことを思い出して悲しくなったら、これからの楽しいことを考えるんだよ」と森の精の言葉を読みました。

　ゲンも悩みを抱えているのです。きっと大ちゃんへのメッセージだったのでしょう。

　会も盛り上がり、4年生手作りのお菓子をもらっている時、大ちゃんが突然、「サンタしゃんこないなぁー」と言いました。サンタさんのことはすっかり忘れていました。すると、何と！キックボードに乗ったサンタさんがみんなの前に現れたのです。サンタさんは一人ひとりと握手してくれました。大ちゃんは肩車してもらって上機嫌。風子が「サンタの声、藤田さんに似てる」と小さい声で言います。

　「消火器振り回したり、ガラスを何枚入れてもまた割っていたゲンたちが一生懸命段ボールでクリスマスツリーを作ったり、道具を貸してやると、ありがとうって返しにくるんだ。今日はちょいとね、プレゼント！」

　と、学校作業員の藤田さんは言い、またキックボードに乗ってカッコよくどこかへ消えて行きました。

　藤田さんは毎年支援学級のクリスマス会でサンタになり、子どもたちを喜ばせていました。また年によっていろいろな所に来てくれるので、今年はどこに来てくれるか、毎年子どもたちの話題になるのです。

　藤田さんは職員室で子どものことを話していると、いつもニコニコ聞いてくれます。「2年の時より良くなった」と励ましてくれたり、ペンキのいたずら書きをいっしょに消してくれたり、隠された靴をドブさらいまでして探してくれたり、毎日がサンタさんのように私たちを力づけてくれているのです。

　1年生は4年生のぬくもりに包まれ、4年生は尊敬のまなざしで見つめる1年生に癒され、自分に自信をつけていった取り組みでした。

　でも何より元気づけられたのは、担任の私たちです。ピアスも復活し、髪もまたオレンジ色に輝き始めたレモン先生は言いました。

　「子どもってすごい。この子たちにいいとこ見せてもらったから、ちょっと授業中うるさいけど、おまけしときます」

Ⅳ章　遊び・イベント大集合

〈4〉サプライズファイナル　1000人のお月見会

> なにか大きなことがしたいですね。ああ、これも学校なんだ……自分もまわりも驚くようなそんなイベント。考えました！親と子ども、教師、地域の方で中秋の名月を見るお月見会。なんと1000人も集まったんですよ！

サプライズ①　公民館館長さんの涙

「総合学習でお月見会をしたいんだけど、どうかなあ。地域の人たちを招いて感謝の会をするんや。それがお月見会なんだ。来た人には団子を配り、お月見の途中で小さなコンサートをする。どうだろう？」

　私の提案に、同学年のメンバーはみな乗ってきました。大人への打診が終わったところで、クラスごとに実行委員を募集することにしました。

　さて水曜日。でき上がったばかりの原案を持ち、グラウンドの南側にある公民館へ歩いて行きました。提案を聞いた館長さんは、

「本当にすごい。なかなかいい計画だ。わしゃ本当にうれしい。わしもずっと仕事一筋で地域のことなんか少しも考えてこなかった。でも退職して、わしはいままで人のために何をしたやろう……と考えて、それで公民館長を引き受けたんや。ああ……涙が出る。いい会にしような」

　そう言って、涙を拭きました。

サプライズ②　お母さん実行委員を募集する

　親の実行委員を募集するのは、1組の仕事でした。プリントを配り、呼びかけると、21人のお母さん方から申し込みがありました。

そして、今日は親と子ども、地域の方、それに教師の4者合同実行委員会の日です。

公民館の広間には、模造紙に書かれた提案が12枚、ぐるりと囲むように貼ってあります。それを実行委員の子どもたちがクラスごとに読み上げ、質問を受けていきました。1組は、団子をつくる担当でした。お母さんの中から、米でつくるのか、麦でつくるのかという質問が出て困りました。

すると、団子名人のおばあちゃんが、

「両方つくりましょう。そして味比べをしましょうよ。もちろん材料は子どもさんが買ってきてね。一人分いくらになるのか、計算するんで。勉強になるやろ」

と、アドバイスしてくれました。

2組は、会場づくりを担当しました。グラウンドの真ん中に指令台を置き、その上に布をかぶせ、そこにススキを生けたいと提案しました。

今度はちがうお母さんから、できるだけ多くの壺を借りましょうとか、キャンプ用のベンチを50個借りれば、もっと雰囲気が出るかもしれない、という意見も出て、子どもたちを驚かせました。

3組は、お月見会の由来を調べビデオ番組にして、当日大きなスクリーンに映す係りでした。すると、どこそこのおじいさんが詳しいとか、そこは詳

しいけど話が長いとか、いろいろな話で盛り上がりました。

そして、私のクラス4組は小さなコンサートの係りでした。地域の人に出演してほしいので、紹介してくださいとお願いしました。すると、ハーモニカグループや大正琴愛好会があることがわかり、お月見会の企画は一気に具体的になりました。

1時間を超える話し合いは、あっという間に終わりました。しかし実行委員になってくれたお母さん方は、誰も帰ろうとはしなかったのです。

「ほんとうに驚いたわ……」

ひとりのお母さんがつぶやくと、再び親の実行委員会が始まりました。

サプライズ③ 大人を見直す

「今日の合同実行委員会は、どうでしたか？」

私は、公民館からの帰り道、田村に話しかけました。

「いやあ、びっくりした。あのな、大人というのは意外とモノを知ってるものやなあ……」

田村が、めずらしく早口で話しました。

「それって、どういうこと？」

「おれのまわりの大人は、いつも寝てるんよ。だから、なんて言ったらいいんかな。尊敬できんっていうか、ああ、こんな大人になりたいなあっていう大人がいないんよ」

言ってくれるじゃありませんか。ここにもひとり大人がいるというのに。でも、わかりました。モデルになる大人がいないのですね。私はそれを聞いて、もっとたくさんの大人に子どもたちを出会わせたいと思いました。

さて、この実行委員会を受けて、係りの動きは活発になりました。まず子どもたちは、小さなコンサートに出てくれそうな人を探し、お宅を訪問して、出演をお願いすることにしました。それで、お願いの仕方を練習して、出かけることにしました。

次の日のことでした。放課後、電話がかかってきました。

「きのう、出演のお願いに行ったでしょう。うちの子から聞きました。これが本当の勉強だと思います。大人が全部用意するのではなく、子どもたち

が自分の言葉で話す。とてもいい経験だと思います」

お母さんの熱のこもった話に、私はうれしくなりました。

サプライズ④　校長室に届けられた1万円

さて、お月見会まであと10日。招待状を持ち、ひとりが5軒訪問します。子どもたちは155人いるので700軒を超す計算になります。

訪問は、お月見会を計画した意図や会の内容を説明するだけでなく、相手の方と世間話でも何でもいいから5分以上話し、仲良くなろう、というのが条件です。地域の方とのコミュニケーション、これが学習のひとつだからです。

子どもたちは、1軒に3回訪問します。1回目はお知らせ、2回目は参加のお願い、3回目は確認です。

ある日、校長先生が教室にやって来て、こんなことを話しました。

「じつは、さっき近くのお年寄りがやって来られて、みなさん方にお礼が言いたいと1万円置いて行きました。そのお年寄りは、この地区に長く住んでいるけど、こんなに何回も子どもたちから誘われたことはない。うれしくてたまらない。そう話していました。でも、夜8時には寝るので参加できないから、せめてお礼にと、1万円を封筒に入れて渡されたのです」

いよいよあさってがお月見会という夕方、私たちはライトを照らして安全面の確認をしていました。すると、
「あれ？　先生方、何をしているんですか」
　サッカー部の母さんが職員室を覗きました。

▲子どもたちが描いたお月見会のステージの絵

「お月見会のリハーサルです」
「あら……学年の先生方、みなさんいらっしゃるんですか。仲がいいんですね」
　私たちは、顔を見合わせ、
「いっしょにいるだけで、仲良く見えるんだね」
と、笑いました。そこへ一本の電話がかかってきました。
「お月見会をすると聞いた。そこにはステージがいるんやろ。私は建設関係の仕事をしているから、うちの機材を使ってステージをつくろうか。何メートル四方のものがいるんかえ？」
　私たちは、思い切って縦10メートル、横20メートルの特設ステージをお願いすることにしました。

| サプライズ⑤ | 校長先生と教頭先生がつくってくれたおにぎり

　さて今日は、お月見会の日です。きのうまでの参加予定者は620人。これに子どもたちとお母さん方を入れると、900人を超える一大イベントになりそうです。
　12時前から、団子名人さんと25人ものお母さん方がやってきて、団子づくりが始まりました。一方グラウンドでは、昼過ぎから自治会長さんが軽トラックでススキを運び、子どもたちが理科室の暗幕を毛せん代わりに敷き、壺を10個ほど寄せてススキを飾っています。その端っこで工務店のおじさんと公民館長、そして子どもたちがいっしょになってステージを組み立てています。

時間はどんどん過ぎていきました。そして、5時になろうとしたとき、
「手のあいている人は、校長室にきませんか」
教頭先生が、にこやかな声で言いました。
「これから、お月見会が始まります。腹ごしらえをしておきましょう」
校長先生が話しました。校長先生と教頭先生でお米を炊いて、おにぎりをつくったそうです。私はおにぎりを食べながら、何人来ているか、そ～っと数えました。26人もいるではありませんか！
（ああ、いい職場にめぐまれたなあ……）
本当にそう思いました。

> サプライズ⑥ ススキが秋風に揺れる1000人のお月見会

6時が過ぎました。テントに取り付けたライトは、団子を配る浴衣姿の子どもたちを映し、グラウンドのススキは秋の風に揺れています。特設ステージには、手づくりの大型スクリーンを張りました。子どもたちが2週間もかけてつくり上げた模造紙16枚の大作です。

グラウンドのベンチには、お年寄りを中心に多くの地域の方がすわっています。そこへ浴衣姿の子どもたちが団子を運び、ちょっとした言葉を交わし

ながら、月をのんびりと眺めています。グラウンドには、なんともいえないゆったりとした時間が流れているようでした。

それからしばらくすると、蝶ネクタイ姿のノン太と米蔵が音楽に合わせて登場しました。小さなコンサートの始まりです。

フルートのやさしい音色がグラウンドを包みます。つづいて、ハーモニカグループ30人の迫力ある演奏です。コンサートは、公民館の大正琴クラブ、地区のトランペットアンサンブル、お母さんのカラオケと進み、私たちはライトに照らされたステージを夢中になって見つめていました。

会場は大きな歓声と拍手に包まれ、月はゆっくりと動いていきました。

サプライズ⑦ 大人がつながる

さて、それから何が起きたと思いますか。次の日、ある先生がやってきました。そして、

「みぞべさん、こんなにいろいろな人が協力するなんて驚いた。ここの地域の人っていい人たちだね。私、はじめてそう感じたよ」

と、言いました。その3日後、

「先生、わしたちも学校に何かできんかなって思ってなあ。会社を退職した人を中心に"ジイジの夢クラブ"というのをつくることにした。凧をつくるとか、コマを回すとか、餅つきをするときは手伝うけんな。何と言っても退職してるから時間はあるで。しかも、たった3日で60人も登録したけんな。いつでも声かけてな」

館長さんは、笑いました。

「なんか、大きいことをしたんやなあ……」

同じ学年の先生が、いまは静まり返っているグラウンドを眺めました。

ときには、学校が学校であることを忘れるようなスケールの大きなことをやってみませんか。子どもたちをたくさんの大人に出会わせたい。そして、自分の生きる道をさがしてほしいと思います。やっている自分も驚くようなサプライズ企画、それは一夜の幻だったと思えるほど、思いを超えた大きな出来事になりました。

◆紙皿皿回しの作り方

1、材料
　①紙皿1〜4枚（枚数が少ないと軽くて回すのがむずかしい）
　②紙コップ1個（ヨーグルトの紙パックでも可）
　③割り箸（菜箸でも竹でも可。割り箸は鉛筆で削っておく）
　④はさみ
　⑤両面テープ

2、作り方
　①紙皿は1枚でもよいが、重い方がよく回るので、2、3枚両面テープで貼り合わせておくとよい。
　②紙コップの底だけ切り取る。
　　（コップの底だけ使います）。
　　※底は厚い方が回すのに簡単。
　③切り取った底を紙皿の上に両面テープで止める（紙皿と紙コップの裏どおし貼り付ける）。これで完成！　あとは割り箸（菜箸）で回すだけ。

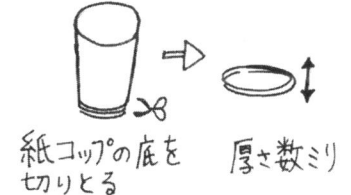

紙コップの底を切りとる　厚さ数ミリ

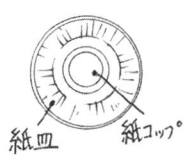

紙皿　紙コップ
（裏から見ると、こうなります）

3、遊び方
　紙皿に絵を描いたり、スズランテープをつけたり、2組の皿を両手に持って回したりします。

私を変えた子どもとの出会い

ドラマから言葉をさがす

溝部　清彦

　あれはずいぶん前のことでした。郊外の学校に転勤したときのことです。
「こんどの5年生には、山形くんという特別元気のいい子がいます。お母さんも難しい方です。男の先生がいいと思います」
　前の担任からそう言われ、私が受け持つことになりました。
　とにかく私は、山形くんをほめつづけました。おかしなことを言えば、
「きみっておもしろい人だね」
とかわし、人をたたいていれば、
「たたくのには、わけがあるんだよね」
と、なんとか共感しようとしました。
　けれど、なかなか成果は出ません。ある朝のことでした。教室へ行くと、山形くんが廊下をウロウロしています。教室から元気な歌声が響いてきます。
「さあ、教室へ入ろう……」
　私は、彼の肩をさわりました。
「うるせえ……」
　山形くんが、突然吐き捨てるように言ったのです。その言い方にむっとしました。
「もう1回言ってみろ……」
　私は、彼に言いました。彼は、
「うるせんじゃ……おまえなんか、母さんに言って担任を変えてやる。いろいろ、おれにかまうなー！」
　叫びました。教室の子どもたちが、いっせいに私の方を見ました。
　私は、山形くんに、
「こっちへ来い！」
　そう言って、隣の算数ルームへ誘いました。そして、
「いいかげんにしろよ」
　そう言いながら、彼をたたこうと一歩踏み出したのでした。それしか思いつかなかったのです。その瞬間です。
「バシッー！」
　彼の手が、私の胸を突きました。

「ええ……いま、ぼくってたたかれたの？」
「たたかれた……？　子どもに？」
　自分の中で言葉がグルグル回りました。1分か2分たったときでしょうか。
「そういえば、きのうのテレビで金八先生も生徒から殴られてた……じゃあ、ぼくってドラマの主人公？　ええっ、もしかして主人公？」
　だんだん力が戻ってきました。そして、金八先生がドラマの中で言っていた言葉を思い出したのです。
「もっと自分を大事にしろよ。そうやって傷ついているのは、おまえ自身だろ。もっと自分を大切にしろよ」
　私は、同じ言葉を言いました。
　すると、山形くんは肩を落として泣き崩れたのです。私はその様子に驚きました。

＊

　山形くんはどうして泣いたのでしょうか。怒鳴っても、脅しても平気だった山形くんは、私が思い出した金八先生のセリフで涙を流したのです。
　私は考えました。そして、これまでの私の言葉は、彼には届いていなかったのではないか、と思いました。
　それからです。どの言葉を選んだらメッセージが伝わるのか、考えるようになりました。思いを伝えるために言葉をさがすようにしたのです。
　いいドラマを見たら、ノートにセリフを書きとめました。映画を見て感動したら、もう一度ノートを持って見に行き、心にしみ入る言葉を写し続けました。
　そうして、ノートに書きとめた言葉を子どもたちに投げかけるようになりました。これは、楽しいです。この言葉を投げかける相手が早く来ないかな、とワクワクします。
　ドラマの言葉は、さすがです。意外な展開を生みました。でも、うまくいかないときもあります。しかし、それはドラマのセリフが悪いのです。気にすることはありません。私たちは、演じているのです。そう思うと、次に何が起こるのか、楽しむようになりました。
　山形くんも、来年は大学6年生。
「なかなか卒業しなくて困る」
　お母さんが、ぼやいていました。さて、こんど山形くんに会ったら、どんな言葉を投げかけてみましょうか。私は、いまもドラマから言葉を探す、言葉さがしの旅に出ています。

> 私を変えた子どもとの出会い

子どもたちへの詫び状

篠崎　純子

　「ノンちゃんがいない！」と介助員さんが叫びます。
　ノンちゃんはてんかんの発作を起こしたら30分以内に病院に搬送しなければ命が危ないと言われている子どもです。言語はなく、ウォーウォーとただ叫びながら頭をガンガン柱や壁に打ちつけるので目が離せないのです。おむつ替え、２時間ごとの体の清浄と、水を飲むことでも呼吸が止まってしまうかもしれないというので食事も大変です。極度の緊張に神経をすりへらし、みんなへとへとになっていきました。
　そして、とうとう介助さんが一人療休に入ってしまいました。主任と私は労働がきつすぎたと反省し、ノンちゃんは朝30分、主任と私で個別の指導をし、自傷行為がひどいことや、何でも口に入れたりすることから身を守るために時どきサークルの中に入ってもらうことにしました。人手が足りず緊急処置です。その時は、音楽の授業でハンドベルをやっていました。睡眠障害もあるノンチャンは大ぐずりで流しに頭をぶつけようとするので、サークルの中で寝かせることにしました。そのノンちゃんが消えてしまったのです。ノンちゃんはとても小さいことと、足がうまく開かないので、サークルを乗り越えることはできないのです。
　「ああー！」みんな一斉に叫びました。ノンちゃんはなんと、ハンドベルを口で引きずるようにくわえハイハイして、みんなのいる所に来ようとしていたのです。みんなと一緒にハンドベルをやりたいという思いが、その必死な姿に現れていました。サークルには枕やタオルケットが集められ、踏み台のようになっていました。のんちゃんが乗り越えたい一心でやったのです。
　友達との関わりの中で人は変わっていくということをまざまざと見せつけられる思いでした。そして、この子はこのくらいと決めつけていた自分を悔いました。事実から分析し、発達をふまえた上で、あらゆるアプローチをすることが教師の仕事として問われていると肝に銘じました。
　このほろ苦い経験はいつも私は戒めます。それと同時に私を励まします。「教育とは希望を紡ぐこと」ということをノンちゃんが教えてくれたと思うからです。振り返ると、子どもたちはたくさんのことをいろいろな言葉で語りかけてくれています。失敗も挫折もあります。過去には戻れないけれど

「教師の詫び状」を胸に、子どもたちといっしょに実践をつくっていこうと思っています。

*

　もうひとつ、私を鍛えてくれるのは職場と生活指導サークルです。
　教師も押し黙り、校長に土下座をしてわびることを強要している職場がありました。職員会議で発言をすると学年主任が呼ばれて説教されるということがたびたびある学校でした。その学校に「セブンイレブン」（7時に出勤、11時に帰宅）といわれる指定研究がくることになりました。質問さえしないできっと決定されるのだと思っていました。しかし「篠崎さん、何か言って」と2人の人が言ってきました。まだ小さいお子さんを抱えている人と療休から戻ったばかりの人です。それを聞いてあと4人が集まってきました。
　私は、「うーん、意見は言ってもいいけど、一人で人柱になるのはいやだから何かで応援して」と言ってみました。私も一人はしんどいのです。
　すると職員会議の時、一人は克明なメモをとるメモ隊、一人は隣の人に話しかけるぶつぶつ隊、意見を言うとうなずいてくれるうなずき隊、そして一番若い人は校長、教頭を見つめて、どんなことがあっても微笑んでいるというモナリザ隊と、自分たちで考えた最大限できることをやってくれたのです。そして発言も。「勝てないけど負けない」というしなやかな生き方は管理職も巻き込んで学校を少しずつ変えていきました。逆境も楽しんでしまう発想の転換も学びました。
　「変えようとしてはいけない。まわりが、私がまず変わるのです」
　「困った時には子どもの声を聞こう」
　「あなたを決して見捨てない。何度でも何度でもやり直そうよ」
　等々、いろいろなメッセージを生活指導サークルの仲間から学びました。真っ向勝負の場面では、肩の力を抜いて子どもの前に立つ、発達の面から子どもを見直す、「あなたが悪いのでない」というメッセージを送り続ける……いろいろな実践から、指導法はもちろん、人としてもその生き様に感動させられ、元気が出てくるのです。
　本もあまり読まず、講座のメモもほとんど取らない不勉強な私は「人」から学びます。困ったことがあると聞きまくります。そして、できそうなこと、おもしろそうなことから実践していくと、不思議と次の展望が開けてくることが多いのです。また、サークルはいつも実践を「それでいいのか」と辛口で問い直してくれる私の羅針盤でもあります。発達途上人の私の旅は、子どもへの詫び状を胸に、限りなき知的好奇心をバッグに入れ、失敗というまわり道をしながら、仲間と語らいながら歩いて行く旅なのでしょう。

※───あとがき

「わかりやすくて面白い、そんな本をつくりたいですね」
　２人で話したのは、昨年の夏のことでした。
「学級づくりがうまくいくかどうかは、出会いから一カ月が勝負だよね」
　私たちは話をつづけました。
　しかし、多くの本は、出会いをどう乗り越えたのか。子どもとどんなやり取りがあって、そこにたどり着いたのか、書いてありません。けれど、ここに学級づくりの秘密があるのです。私たちは、しばしば荒れる子どものことばにギクッとし、どう対応したらいいのか困ります。
　そこで私たちは、出会いを中心に、子どもとのやり取りをふんだんに書き込み、実践スタイルでわかりやすくまとめることにしました。
　教室には、たくさんの物語があります。それは、子どもたちの人生が集まってできる物語です。私たちは、この物語に時として涙を流します。子どもたちが背負い、そこで表現される行動は、ストレートではありません。多くが否定的な言動や行動です。しかし、ここに隠されている子どもたちの叫びを読み取ることのできる学級をつくりたいと思います。
　そのためには、子どもとの対話に強くなることです。毎日の実践は、子どもとの対話の連続です。子どもの言葉の裏側にあるなぞを解きながら、学級づくりをすすめるのです。そのためのアイデアをダイヤモンドの結晶のように集めてみました。誰でも読めてわかりやすい。現実を笑い飛ばし、ユーモアいっぱいに実践したくなる本。失敗したり、めげたりしたら開きたくなる本、それがこの本です。みなさんが、集団づくりに興味をもち、子どもとの対話を楽しむために、この本がお役に立てば幸いです。
　最後になりましたが、この本の出版のために多くのアドバイスをしてくださり、ご尽力くださった高文研の金子さとみさん、推薦文を書いてくださった竹内常一先生、本当にありがとうございました。

2006年1月25日

溝部　清彦、篠崎　純子

篠崎純子（しのざき・じゅんこ）
1951年、山梨県に生まれる。山梨県立女子短期大学卒業後、都留文科大学を終了。神奈川県公立小学校の教師になる。さまざまな発達課題を抱える子どもたちと向き合う中で生活指導サークルと出会う。現在、全国生活指導研究協議会常任委員。著書に『班からはみ出す子の指導』（共著・明治図書）『荒れる小学生をどうするか』（共著・大月書店）『子ども集団づくり入門』（共著・明治図書）『教師を拒否する子、友達と遊べない子』（共著・高文研）他

溝部清彦（みぞべ・きよひこ）
1958年、大分県に生まれる。大分大学を卒業後、小学校の教師になる。そこで俳優・西田敏行さんのお義兄さんと出会い、学級集団づくりの方法を学び、人生の転機となる。現在、全国生活指導研究協議会指名全国委員。著書に『子どもをハッとさせる教師の言葉』『少年グッチと花マル先生』（以上、高文研）『これで成功！魔法の学級イベント』（共著・高文研）『集団づくりをゆるやかに、しなやかに』（共著・明治図書）『シリーズ・学級崩壊・低学年』（共著・フォーラムＡ）『学びと自治の最前線』（共著・大月書店）

がちゃがちゃクラスをガラーッと変える

●2006年3月15日————————第1刷発行
●2013年3月1日—————————第4刷発行

著　者／篠崎　純子・溝部　清彦
発行所／株式会社 高文研
　　　　東京都千代田区猿楽町2-1-8 〒101-0064
　　　　TEL 03-3295-3415　振替00160-6-18956
　　　　http://www.koubunken.co.jp
　　　　組版／株式会社 Ｗｅｂ Ｄ
　　　　印刷・製本／精文堂印刷株式会社

★乱丁・落丁本は送料当社負担でお取り替えします。

ISBN978-4-87498-363-8　C0037

●価格は税別

高文研の教育書

子どものトラブルをどう解きほぐすか
宮崎久雄著　■1,600円

パニックを起こす子どもの感情のもつれ、人間関係のもつれを深い洞察力で鮮やかに解きほぐし、自立へといざなう12の実践。

教師の仕事を愛する人に
佐藤博之著　■1,500円

子どもの見方から学級づくり、授業、教師の生き方まで、涙と笑い、絶妙の語り口で伝える自信回復のための実践的教師論!

聞こえますか? 子どもたちのSOS
富山芙美子・田中なつみ他著　■1,400円

塾通いによる慢性疲労やストレス、夜型の生活などがもたらす心身の危機を、5人の養護教諭が実践をもとに語り合う。

朝の読書が奇跡を生んだ
船橋学園読書教育研究会=編著　■1,200円

女子高生たちを"読書好き"に変身させた毎朝10分間のミラクル実践「朝の読書」のすべてをエピソードと"証言"で紹介。

続 朝の読書が奇跡を生んだ
林公+高文研編集部=編著　■1,500円

朝の読書が全国に広がり、新たにいくつもの"奇跡"を生んでいる。小・中4編 高校5編の取り組みを集めた感動の第2弾!

中学生が笑った日々
角岡正卿著　■1,600円

もち米20俵を収穫した米づくり、奇想天外のサバイバル林間学校、学年憲法の制定…。総合学習のヒント満載の中学校実践。

子どもと歩む教師の12カ月
家本芳郎著　■1,300円

子どもたちとの出会いから学級じまいまで、教師の12カ月をたどった"教師への応援歌"。

子どもの心にとどく指導の技法
家本芳郎著　■1,500円

なるべく注意しない、怒らないで、子どものやる気・自主性を引き出す指導の技法を、エピソード豊かに具体例で示す!

教師のための「話術」入門
家本芳郎著　■1,400円

教師は〈話すこと〉の専門職だ。なのに軽視されてきたこの大いなる"盲点"に〈指導論〉の視点から本格的に切り込んだ本。

新版 楽しい群読脚本集
家本芳郎=編・脚色　■1,600円

群読教育の第一人者が、全国で開いてきた群読ワークショップで練り上げた脚本を集大成。演出方法や種々の技法も解説!